言ってしまった やってしまった を リカバリーするコツ

山本衣奈子

日本実業出版社

はじめに

「私はコミュニケーションが下手」
「コミュニケーションで失敗することが怖いから人づきあいが苦手」

そんなことを思ったことはありませんか？　本書を手にとってくださったということは、心当たりがあるという方も多いのではないでしょうか。そういうあなたにこそ、ぜひ知っていただきたいことがあります。

コミュニケーションで、一度も失敗したことがない、やらかしてしまったことがない、という人はいないということです。

自分とは異なる人間と関わる以上、どんなに気をつけていても誤解は生まれるし、すれ違うことも、対立を生んでしまうこともあるものです。はたから見て、どんなにコミュニケーション力が高く、人づきあいがうまいと映る人であっても、よく話してみれば実にさまざまなコミュニケーションで失敗した経験を持ち、悩みを抱えていたりします。

コミュニケーション力が高い人というのは、〝決して失敗しない人〟のことを言うのではありません。相手とのつながりを諦めず、失敗を失敗で終わらせないという〝失敗からのリカバリー（回復）ができる人〟のことを言うのです。

むしろ、多くの失敗を経験している人の方が、人に優しく、かつ肩の力を抜いて自信を持って相手とのやりとりを楽しんでいる傾向があります。失敗の数だけリカバリーの経験も豊富なため、「失敗してもリカバリーできる」と知っているからと言えます。

この本では、コミュニケーションや人間関係のあり方をより良いものにしていくための、リカバリーのコツをまとめました。具体的にイメージしやすいように、よくあるシーンを用いてそのコツをご紹介しています。

失敗に尻込みしてコミュニケーションが怖くなってしまっている人が、前向きな一歩を踏み出すためのサポートになれたらという想いを込めました。順番通りでなくても構わないので、気になるページから開いてみてください。

「言ってしまった」「やってしまった」をリカバリーするコツ　目次

How to recover

第1章　「一発正解」のコミュニケーションは難しい！

How to recover

第２章　コミュニケーションのポイント＆リカバリーするコツ

How to recover

第3章 「コミュニケーション下手な人」が勘違いしていること

おわりに

カバーデザイン
小口翔平＋後藤 司（ｔｏｂｕｆｕｎｅ）
本文デザイン・ＤＴＰ
浅井寛子
イラスト
どいせな

第1章

「一発正解」のコミュニケーションは難しい！

知ってはいても、
とっさにはなかなかできない
「コミュニケーション術」。
それなら、やってしまった〝後〟の
リカバリーから始めてみませんか。

How to recover

「一発正解」が出せずに落ちこんでしまう

「ああすれば良かった……」

「ああ言えば良かった……」

「そんなつもりはなかったのに……」

「どうしてあんなことをしてしまったんだろう……」

誰かとすごした後に1人になった帰り道や、1日の終わりのベッドの中で、こんな後悔が頭の中をグルグルとめぐるようなことはありませんか？

本当は言いたかったことや、してあげたかったことがあるのに、あれこれと考えているうちにタイミングを逃し、結局言えなかった、できなかったなんてことはありませんか？

または、頭の中にあるものをうまく言葉にできず、意図しなかったことが伝わってしまい、相手との関係が気まずくなってしまった、といったようなことはないでしょうか。

「後になって冷静になればいろんな言葉や考えが浮かぶのに、その時には気づけない」ということは誰しもたくさんあるものです。

私はコミュニケーションについて、講演や研修などを行なう中で、これまでに5万人を超える方々にお会いしてきましたが、どんなにコミュニケーションスキルや人づきあいの知識やテクニックをたくさん持っていても、「すべてが完璧で失敗が一度もない」という人には、一度もお会いしたことがありません。

もちろん、後悔はなければない方が良いですし、常に正しい選択ができる方が良いに決まっています。それができれば人づきあいの悩みは激減するのも確かでしょう。けれども、毎日の生活は常にアドリブであり〝ライブ〟なのです。舞台や映画のように、シナリオがあるわけでもなく、リハーサルややり直しができるわけでもありません。瞬間の選択の連続、かつ一発勝負であることがほとんどです。

そのような中で、「絶対に失敗するな」という方が無理な注文ですよね。時に選択を間違えることもあるでしょうし、とっさに良い方法が浮かばず対応にとまどうことだってあるでしょう。一発で正解を出すことが、実はとんでもなく難しいのが、人づきあいであり、コミュニケーションなのです。

ですから、もし失敗したとしても、どうか「私にはコミュニケーション力がないかも」なんて落ち込んだり嘆いたりしないでください。コミュニケーションエラーは誰しもに起こり得ることですし、仕方のないことなのです。

大事なのはリカバリーすること

とはいえ、「仕方ないでしょ！」とただ諦めたり、開き直ったりするのはおすすめできません。

そこで行動を止めてしまうと、相手との関係にヒビが入るだけでなく、自分の心に小さいしこりのようなものが残り続けるからです。

その時に感じた居心地の悪さや、嫌な気持ちや哀しい気持ちは消化されずに留まっていくので、どこかすっきりせず、放置することでまた同じようなことを繰り返すことにもなりかねません。

どんなに精巧につくられた家電やパソコンでもエラーを起こすことはあります。だからこそ、家電やパソコンの説明書には、使い方と一緒にリカバリー（復旧・回復）の方法が書いてありますし、どんなシステムにも復旧マニュアルというものが存在しています。

コミュニケーションも同じです。

一発正解に持っていくことは難しく、時にエラーを起こすこともありますが、リカバリーの方法はあるのです。しかも、それは決して大きな勇気や努力を必要とするようなハードルの高いことではなく、ほんのちょっとした行動や言葉であることがほとんどです。

このリカバリーの方法をちょっとだけ頭の片隅に置いておけば、後悔や自己嫌悪を減らすことにつながるだけでなく、ちょっと尻込みしてしまっていたコミュニケーションに対して、自信を持って向き合うことができるようになります。

コミュニケーションの失敗はコミュニケーションでしかカバーできない

「仕事の失敗は仕事で返そう」

企業勤めをしていた時、先輩にそう教わりました。

仕事で失敗した時に、それを別のことでまぎらわそうとしても、確かにその瞬間は気が晴れるのですが、現実にはなにも解決されておらず、いつまでたっても後悔がつきまとうことになってしまいます。

失敗から目を逸らし続けるよりも、失敗は失敗として認めつつ、傷ついた信用や信頼などにしっかり向き合って〝フォロー〟や〝リカバリー〟を繰り返していくことで、事態を好転させ、その経験を力に変えていくこともできるようになっていくのです。

これはそのまま人づきあいにも、あてはまるのではないでしょうか。

「コミュニケーションの失敗や後悔は、コミュニケーションでとり返そう」

人づきあいを長く円滑に保つために大事なのは、間違いを起こさないように必死になることではなく、たとえ間違えてもそれをきちんとフォローして回復させていく意識と術を持つことです。この回復力、つまり〝リカバリー力〟を身につけて、心にしこりを残さない、気持ちの良い人づきあいを実現させていきましょう！

How to recover

コミュニケーション（伝え方）の質＝「なにを言うか」＋「どう言うか」

「コミュニケーション（伝え方）の質を高める」と聞くと、皆さんならどんな方法をイメージしますか？

- 内容に深みを持たせる
- 相手の興味に合わせた話題にする
- 理由や根拠をあきらかにして説得力のある話をする

こういったことも、もちろん大切です。けれども、それだけでは少し物足りません。

日本の文化は世界一〝ハイコンテクスト〟であるといわれています。「コンテクスト」とは「文脈」という意味です。〝ハイコンテクスト〟とはつまり、文脈に頼る割合が高い＝言葉以外の表現に頼る、ということ。言葉以外の表現を重要視しているので、「なにを言うか」だけでなく「どう言うか」がコミュニケーションの質を大きく左右するということです。ですから、

- 結論からわかりやすく話す
- 相手や状況に合わせた適切な伝え方を選ぶ
- 表情や態度などを含めてきちんと〝表現〟する

このような意識も、気持ちの良いコミュニケーションのためには大事です。同じ内容でも、伝え方次第で相手が受け取る印象はかなり変わってくるからです。

〝ハイコンテクスト〟の対になるのは〝ローコンテクスト〟です。

たとえば、「あの件、お願いね」と言われた時に、相手の様子や関係性、前の会話などの情報から察して、「わかった」と答えるのが、ハイコンテクストなやりとり。「あの件というのは、○○についてのこと？」と言葉で確認するのがローコンテクストなやりとりです。

もちろん、これは文化の話ですから、良し悪しがあるものではありません。

ここで大切なのは、日本は〝ハイコンテクスト〟な文化を持っているという「その事実の部分」を理解したうえで、どう対応していくかです。

コミュニケーションの失敗の多くが「言い方」から生まれている

なぜだか相手がムッとしてしまった、悲しそうな反応だったという時、心あたりがなくて、不安になったことがある人もいるでしょう。

コミュニケーションに問題が起きる時は、「考え方」より、「言い方」や「態度」に原因があることがほとんどです。

「言いたいことはわかるけど、あんな言い方（態度）はない」

そんな言葉を言ったり言われたりした経験を持つ方は、少なくないはず。

たとえば、相手の発言に対して反対意見を述べるとします。意見が反対であること自体に問題はないのですが、相手がまだ話しているのに割り込んで否定したり、あからさまに見下したような態度をとったり、相手の意見を馬鹿にして罵《ののし》ったりしたら、大きな問題を引き起こしますよね。

仮に正反対の考え方であっても、相手の意見も尊重しながら、冷静にきちんと自分の考えを述べることができたら、それは「言い合い」ではなく「対話」になります。

私は以前、コールセンターで働いていたことがあり、そこで受けるクレームの内容で多かったのは、「商品やサービスの内容」以上に、「対応したスタッフの態度や言い方」でした。「冷たい対応だった」「失礼な言い方をされた」といったことが、大きな不満となりクレームとなっているのです。「内容」よりも「伝え方」の質が強い感情を引き出しやすいということですね。

人は皆違う考え方や価値観を持ち、自分とは違う人間であるということは、みんな頭のどこかでわかってはいるはずです。つまり、違う意見や物の見方やとらえ方があるということ自体に、なにか大きな問題があるのではありません。

問題を引き起こしているのは、多くはその〝伝え方〟や〝表現〟なのです。

How to recover

「正解」じゃなくてもリカバリーできる

「正しいやり方ってあるのでしょうか」
「この方法であっていますか」
「どれが正解なのでしょう」

コミュニケーションにまつわる相談を受けていると、こういうことを聞かれることがとてもよくあります。

一度「失敗した」と思うようなことがあると、怖くなってしまって、もう間違えたくないと思う気持ちはよくわかります。「次は正しいやり方で」と考えるのも無理はありません。

けれども、果たして「完全なる正解」というのは、存在するのでしょうか。

たとえば、なにかトラブルがあった時に、「まずはきちんと謝ってほしい」という人もいれば、「謝ってほしいわけじゃない」という人もいます。

「行動より言葉を重視」する人もいれば、「言葉よりも行動を重視」する人もいます。

モノの見方も考え方もさまざま、国が変われば文化も常識もまったく違うなんてこともあります。当然ながら「正解」も常に1つではないわけです。

だから、「正解」にこだわるほど、悩んでしまいます。相手によって、状況によって、立場によって、どれもが正解にもなり得るし、どれもが不正解にもなり得るわけですから。

コミュニケーションにおいて最も残念なのは、「正解」がわからないからなにもしない、なにもできないという状態になることです。

まずは〝関係を諦めない〟のが一番のリカバリー

リカバリーという言葉には、「回復」「復旧」という意味があります。それは「正しい状態にする」こととは少し異なります。今トラブルが起きているならば、そのトラブルを少しでも「良い状態にする」ということです。

相手が怒りや苛立《いらだ》ちを覚えているのであれば、それを軽減して良い状態に近づけること。相手が傷ついて下を向いているのであれば、それを少しでもやわらげて顔を上げてもらうこと。それは、「正解」をなぞることではないですよね。

自分が「やってしまったな……」と後悔することがあっても、相手との関係がそこでゼロになるわけではありません。ですから、最も大事なのは〝関係を諦めないこと〟です。

「もうどうでも良いや」となってしまったら、そもそもリカバリーの意識など生まれないですよね。そして、状況も関係性も放置することになるので、どんどん悪化することはあっても、良くなっていく可能性は少ないでしょう。

「相手に嫌われたくない」「これ以上関係をこじらせたくない」という思いが強すぎて、リカバリーどころか、なにも言えない状態になっているという人は少なくありません。

しかし、しくじりがあっても、そしてそこに「正解」とか「確信」とか「確証」などがなくとも、「リカバリーの方法はあるだろうか」と相手と向き合い寄り添う方法を考えている時点で、リカバリーの第一歩を踏み出しているのです。

「正解」を探すより、「できること」を探していきましょう。

正解なんてわからなくても知らなくても大丈夫。関係を諦めない気持ちを持って、できることをやる。それがすべてのコミュニケーションの入り口です。

－第２章－

コミュニケーションのポイント&リカバリーするコツ

この章ではさっそく、「こんな時どうする?」をシーンごとに考えてみましょう。きっとあなたに合ったやり方が見つかるはずです。

こんなときどうする？

What would you do in this case?

オフィスにて

職場のエレベーターで、気がついたら２人きり。でも、話しかけるタイミングを逃して気まずい空気……

エレベーターに乗った時には大混雑だったのに、だんだん人が減っていき、同じフロアの人と2人きりになりました。あまり話したことがない人だけれど、相手もこちらの存在には気づいている様子。（声をかけた方が良いのかな）と躊躇しているうちになんとなくタイミングを逃してしまい、無言が続いて、微妙な雰囲気……。

あなたなら、どうしますか？

気づかないふりをしたり、
スマホを出して
意識を逸らしたりする

「お疲れ様です」と
こちらから声をかける

その場で会話ができなくても、
降りる時に一言言えればOK

顔見知り程度の人に話しかけるのは、相手がこちらのことをどのくらい知っていてくれているかもわからないですし、不安なものです。下手に話しかけて「変な人」だと思われたらどうしよう。「誰でしたっけ？」と言われてしまうのも恥ずかしい。いろいろな考えが行動の邪魔をします。無言の時間が長くなるほど、ますます声をかけづらくなって、結局なにも言えなかった……というパターンも。

そんな時落ち込んだり、自分を責めたりする前に覚えておいてほしいのが、「最後の印象が一番大事」ということです。

「ピークエンドの法則」で印象を逆転する

心理学の用語に「ピークエンドの法則」というものがあります。これは「ある出来事に対し、人の記憶や印象に最も強く残るのは、感情が最も高まった時（ピーク）と、最後（エンド）の部分である」という法則で、心理学者および行動経済学者のダニエル・カーネマンによって提唱されました。

たとえば、大混雑のテーマパークで、アトラクションに乗るために何時間も行列に並ぶのは、退屈だったり身体がしんどかったりと、大きなストレスになるかもしれません。けれども、いざ自分の番になり、そのアトラクションに乗ってテンションが上がり、最後はさわやかな気分で降りることができると、その前の行列のつらさより、上がったテンションや終わった時の爽快感の方が強く印象に残ります。だからこそ、長い行列に再び並ぼうという気にもなれるわけです。

つまり、人の印象や記憶というのは、出来事のすべてを通して生まれているのではないということです。ですから、たとえばエレベーターの中で気まずい時間が流れたとしても、最後の印象を意識することで、すべてをリカバリーすることも可能だと言えます。

大切にしたいのは、去り際の一言

「会話」をしなければと思うほど、なにを話したら良いだろう、なにを聞いたら良いだろうとあれこれ考えすぎてしまうことがあります。

でも、実は「会話」がなくとも、「去り際の一言」があれば、人間関係を円滑に保つことは十分に可能です。たとえば、そのエレベーターを相手が先に降りるなら、「開」のボタンを押しながら「どうぞ」とニッコリする、自分が先に降りるなら、「お先に失礼します」と一言伝えて会釈する、これだけでも相手に伝わる印象は変わります。

相手からの反応や返事を意識しすぎるから、話しかけることが怖くなったり躊躇してしまったりするのです。たった一言で良いので、言葉をそこに〝置いてくる〟感覚で口にしてみると、「ああすれば良かった」という後悔も少なくしていくことができますよ。

point

「会話」ができなくても最後の「どうぞ」があれば大丈夫

こんなときどうする？
What would you do in this case?

オフィスにて

挨拶の後が続かない……

朝、職場に入って、明るく元気よく「おはようございます！」と挨拶したものの、周囲からはテンションの低い「あ、おはようございます……」といった反応しか返ってこず、自分だけが浮いているようで気まずい……。

あなたなら、こんな時どうしますか？

NG

なんだか反応も悪いし、
こちらも無言のまま
席に着く

OK

重い空気をつくらないよう、
できるだけ多くの人に
こちらから声をかける

Recovery

１人だけで良いので「最近○○ですね？」と
声をかけてみる

挨拶は「人づきあいの基本のキ」と言われており、どんな時も挨拶だけはきちんとするようにしている、という人も多いでしょう。

朝、出社したら、できれば多くの人と雑談でもしながら良い雰囲気で仕事をスタートさせたいところですよね。でも、反応が悪い人からは、なんだか近寄り難いオーラを感じますし、こちらから話しかけるのにはちょっと怖い気も……。それに「めんどくさい人」だと思われたくはないから気が引ける、なんてこともあるかもしれません。

そういう時は、「みんなに」と思わずに、「誰か1人だけに」と考えてみてはいかがでしょうか。全員と雑談するには、結構な気力と体力を要しますが、たった1人であれば、ハードルはさほど高くありませんし、気楽に実行しやすくなります。

一番話しやすいのは「現在」のこと

では実際に、「今日は話しかけやすそうなあの人に声をかけてみよう」と思ったとして、次のハードルは「なにを話すか」です。特にあまり親しくなかったり、会話する機会が少なかったりする相手ほど、なにに興味があるかもわからないですし、急になれなれしく話をするのも違和感がありますよね。

そんな時にあれこれ考え始めると、さらにどうしたら良いかわからなくなってしまうので、まずは「最近○○ですね」と〝現在のこと〟について声をかけてみるのがおすすめです。というのも、自分自身も、そして相手にとっても、人が最も話しやすいのは〝現在〟のことだからです。

「あの時は○○でしたね」と〝過去〟のことを急に聞かれてもすぐには思い出せないこともあります。「これから○○はどうなると思いますか？」といきなり〝未来〟のことを言われても、とっさには答えられず困ってしまいます。〝現在〟が最も近い、つまり最近のことなので、一番言葉にしやすいものです。

「最近、ずいぶん寒い（暑い）ですね」
「最近、雨が多いですね」
「最近、やけに忙しくなりましたね」
「最近、電車が混むようになりましたね」

あなたが実感していることは、相手も同じように感じていることも多く、共感性を生み出すことにもつながります。もちろん、時に相手は違うことを感じていることもありますが、それで焦る必要はありません。大事なのは、お互いが同じように感じているかどうかではなく、会話をすることなのですから。

もしも、「そうかなぁ？」といったような反応が返ってきたら、わざわざ反論したり落ち込んだりせず、「あれ、そう思っているのは私だけですかねぇ」と軽く会話を終わらせても良いのです。

ほんの一往復だけも会話が生まれれば、挨拶の後の気まずさを消すことはできます。その軽い会話の積み重ねが、その後の心の距離感を変えていくこともあります。

会話を弾ませることを目標とするのではなく、まずは挨拶の後に一往復の会話を目指しましょう。「最近○○ですね」と声をかけるためには、まず自分自身が最近の状況にちゃんと気づいておく必要があります。普段から少しだけ意識を持って、周囲に目を配るようにするところから始めましょう。

point

会話の始め方は、「最近○○ですね」

こんなときどうする？
What would you do in this case?

友人と

会話の途中、流れる気まずい沈黙。話してくれるのを待っているのに、会話がぎこちないし居心地が悪い……

ひさしぶりに会うAさんと、一緒にお茶をすることになりました。Aさんが話してくれるのを待っているのですが、話したいことがないのか、一言二言だけですぐ黙ってしまいがち。こちらも特別に聞きたいことがあるわけでもなく、たびたび気まずい沈黙が流れ、内心「どうしよう」と思い始めました……。

あなたなら、どうしますか？

NG

相手の話を聞くべきなので、

「なにか言いたい
ことはない？」

「なんでも良いから話してよ」

と迫る

OK

相手の持ち物、
または「この間言っていた
あれはその後どうなった？」
など、過去の相手の
発言や言動をヒントに
話を広げる

Recovery

「ちょっと聞いてくれる？　実はさ……」と
こちらから自己開示や相談をする

「きちんと相手の話を聞きましょう」

この言葉は、ほとんどの人が言われたり聞いたりした経験があるのではないでしょうか。確かに、せっかく話しているのに聞いてもらえないというのは寂しいですし、きちんと聞かずして相手のことを理解はできないでしょう。

とはいえ、皆さんが「相手の話を聞こう」と思っているように、相手も同じことを思っているとしたら、お互いが「聞く」立場になってしまいます。言ってみれば、両方がキャッチャーになって、キャッチャーミットを構えて「よし、こい！」と言っているような状態です。これではキャッチボールはできませんよね。

より良い関係づくりのためには、「話す」と「聞く」のバランスは3対7くらいがちょうど良いとも言われています。自分が話す量より相手の話を聞く量を増やしましょう、ということですね。

実際、話を聞いてもらうことで、「承認欲求」(自分のことを認めてほしいという気持ち)が満たされたり、「カタルシス効果」(不安・不満・悲しみなどを聞いてもらうことで安心感を得ること)が得られたりすることがわかっています。そのような意味では、「話す」より「聞く」を大事にすることが、相手の心地良さにつながるところがあるのは確かだと言えます。

とはいえ、「聞く」ことにばかり意識を向けすぎると、かえって会話がぎこちなく、弾みにくくなってしまうこともあります。

話しやすくするためには、「自己開示の返報性」

心理学に「自己開示の返報性」と言われるものがあります。これは、「相手が心を開いて自己開示をしてくれると、こちらも心を開いて自分のことを打ち明けたくなる」という心理現象です。つまり、目の前の人が心の内を見せてくれるから、こちらも安心して見せることができるということですね。

相手が「実は私さ……」と打ち明けてくれたからこそ、「実は私も……」と自分のことを話せたという経験はありませんか？　逆に、質問ばかりしてくるけれど、その人自身のことについては「私のことはいいから」と言ってくるような人だと、いまいち信用できなかったり、本音は言えなかったりなんてことはなかったでしょうか？

自分のことを「話す」からこそ、相手の話が「聞ける」のです。ですから、沈黙がきまずい時こそ、自己開示をしてみましょう。相手の心を開こう、言葉を引き出そうと思っても、思うようにはいかないものです。相手のことは自分の思うようにはできませんが、自分のことなら可能です。

もちろん、そんな大層な打ち明け話でなくて構いません。〝自分が〟今朝見かけた犬の話でも、〝自分が〟昨夜見たテレビの話でも、〝自分が〟最近気になっていることでも、ちょっとした話題で良いので、「あ、そういえば……」という言葉を切り口にして、自分のことを話すことから始めてみてください。

でもやはり、自分のことは話しづらい……という人もいるでしょう。そんな時は周りを見渡してみましょう。相手の持ち物や壁の絵や窓の向こうの景色、以前交わした会話の中などに、会話が弾むヒントは案外たくさん散らばっているものです。自分のことか、周囲にあるものを話題にすれば良いのだと心に置いておけば、話すことに困ることや、沈黙に気まずくなることはだいぶ少なくなっていきますよ。

point

「自分のことを話す」ことで、相手の話を引き出すきっかけをつくる

こんなときどうする？
What would you do in this case?

オフィスにて

職場のランチタイム、誘いを断ることが続いたら、つきあいの悪い人だと思われそう……

仕事が一息ついて、ランチタイム。皆さんは誰かと一緒にすごしたい派ですか？　できれば1人でいたいと思う派でしょうか？　時と場合、相手にもよる、なんて人もいるかもしれませんね。

そんなつもりはなかったのに、誘いを断ることが続いたら、気まずい距離感が生まれてしまったみたい。

あなたなら、どうしますか？

NG

仕方がないので、
諦めて「１人が好き」な
キャラを演じる

OK

「次はぜひ」と伝えて、
次回また声をかけて
もらいやすい状態をつくる

Recovery

「ちょっと教えてもらいたいことがあるのですが」
「手を貸してもらえませんか」
など、小さなお願いから始めてみる

ランチタイムは休憩時間ですから、その時間をどう使うかは基本的に自由です。職場なのだから一緒にすごさなければならないということもなければ、１人ですごすのがあたりまえなんてこともありませんよね。自分の状態や気分に合わせて、そのつど心地の良い方を選べば良いだけです。

とはいえ、１人でいたい気分だからといって、誘いを何度も断っていると、そのうちまったく声をかけてもらえなくなったり、後から輪に入りにくくなったりしてしまう、なんてことが起こったりします。

相手にしてみれば、事情がどうであれ、断られるというのは残念に感じるものですし、ましてやそれが何度も続けば「誘わない方が良いのかな」と思うのも自然なことでしょう。声をかけてもらえなくなった、なんてことがあると、つい「嫌われてしまったかな……」と思うこともあるかもしれません。

でも実は、多くの場合「嫌いになった」というわけではなく、「声をかけない方が良いのだろう」「1人でいたい人を無理に誘っては悪いな」と考える、一種の遠慮や思いやりのつもりだったりします。それを早合点して開き直ってしまって、距離感を広げる一方にしてしまうのは、もったいないですよね。

本当に1人が大好きで、「むしろ誘われない方が気楽だから、ちょうど良い」という考え方もありですし、それなら話は別です。ただそうではなく、確かに1人でいたい時もあるけれど、そうでない時もあって、できれば生まれてしまった距離感を縮めたいということなら、一気になんとかしようとせず、まず日常的にこちらから少しだけ関わりを増やしていくのがおすすめです。

「単純接触効果（ザイオンス効果）」で距離感を埋め直す

心理学の理論に、「単純接触効果」というものがあります。これはアメリカの心理学者ロバート・ザイオンスが提唱したもので、何度も目や耳にしたり、触れたりしているうちに、だんだんとその対象に対する警戒心が薄れ、親しみや親近感を感じるということです。

たとえば何度も聞いているうちに好きになった曲や、いつも同じ場所で見かけることでなんとなく親近感を覚えたりした人はいませんか？　特別なことがなくても、ただ目や耳にすることが重なるだけで、好意的な感情が生まれることがあるのです。

特に、まだお互いに良く知り合っていないうちは、当然ながら接触回数も少なくなります。そのままでは不安や警戒心が拭いきれないために、ちょっとした行き違いがあるだけで、お互いに過度な遠慮が生まれたりして、距離感は開く一方になりやすいのです。

だからこそ、開いてしまった距離感を埋めるためには、あれこれ悩むより、意識的に少しだけ接触を増やすようにすることが効果的なのです。

軽く挨拶を交わしたり、近くを通って会釈をしたりするというのでももちろん良いのですが、距離感を縮めるには、〝頼みごとをする〟というのが、さらに効果的です。

人には自分を認めてほしいと思う「承認欲求」が根底にあるため、頼られることで必要とされていると感じます。そこで、相手からの頼みごとに手助けをすると、〝私はこの人のことが好きだから手を貸したのだ〟という気持ちが生まれ、相手のことを好ましく思うことがあります。これは心理学で「認知的不協和理論」と呼ばれています。

「不協和」というのは、自分の中で矛盾が生まれるということです。相手のことが嫌いだったら、手を貸したという行為に気持ちと行動の矛盾が生じます。矛盾を感じることは居心地の悪さにつながるので、人にとって好ましい状態ではないため避けようとします。

そこで、「認知」、つまり考え方を転換させようとするわけです。好きだから手を貸したのだと思えば矛盾がなくなり、心地が良いですよね。だから手を貸した相手のことを好ましく思うことが多いのです。

とはいえ、あんまり大きな頼みごとをするのは相手の負担を大きくして、かえって不快な気持ちを生み出してしまう可能性もあるので、あくまでも〝小さな頼みごと〟をするのがポイントです。

「ちょっと教えてください」

「ちょっと聞いても良いですか」
「ちょっとだけ力をお借りしたいのですが」

もちろん、頻繁すぎて迷惑がられては元も子もないので、なんでもかんでもということではありません。

もしも相手との距離感に悩んだら、なにか困ったことがあった時に、まずは少しだけ勇気を出して、小さなお願いをしてみてください。そうしていくうちにだんだんお互いの好意が高まり、生まれてしまった溝を埋め、たとえば気分に合わせてランチタイムに声をかけ合うことや、仕事や日常のコミュニケーションも、もっと楽になっていきますよ。

point

「ちょっと教えてほしいことがあるのですが」で接触回数を増やすことから始めよう

こんなときどうする？

What would you do in this case?

オフィスにて

悪口や文句の多い先輩とずっと一緒にいるのがつらい

普段接している分には決して悪い人ではないのだけれど、なにかと他人の悪口や噂話、愚痴や文句ばかり言っている人っていますよね。聞いていて気分の良いものではないですし、できればそんな話はしたくない。

かといって「私はそうは思わない」とはっきり言って関係が気まずくなったり、今度は逆にこちらが悪口の対象になったりするのもつらい……。モヤモヤとした思いを抱えながら、本心とは裏腹に一緒になって悪口に乗ってしまい、そんな自分に自己嫌悪……。

あなたなら、こんな時どうしますか？

**とりあえず場の雰囲気を
壊さないように
適度な悪口を探す**

**深入りしない程度に
「そうなんですかー」と
聞き流す**

**それ以上言わないよう
自らストップをかけられればOK**

言いたくもなかったし、そんなこと本気で思っていたわけでもない。でも、その場の雰囲気を慮《おもんぱか》ってつい口から漏れる言葉もあるものです。

後悔する気持ちもわかりますが、残念ながら、言ったことを取り消すことはできません。後でそれがなにかの拍子に当人の耳に入ることになり、「そんなつもりで言ったのではないんです」といくら言ってもわかってもらえないかもしれません。

ユーモアを味方につける

どんな状況でも言えることですが、「なんとかしなければ」と思うほど、力が入り真剣かつ深刻になりやすくなる傾向があります。

そういったことを防ぎ、かつ空気を壊さずに言いたいことを伝える1つには「ユーモアを持って伝える」という方法があります。ユーモアとはつまり、〝人をなごませ、笑いを誘う上品なおかしみ〟のことです。爆笑を誘う必要はまったくなく、ちょっとだけクスッとつい笑ってしまうような言い方です。

かつての同僚に、次のような言い回しがとても上手な人がいました。

たとえば、嫌なことに巻き込まれそうな時は、

「おばあちゃんの遺言で、そういうことはやめなさいと言われているんですよね……」

嫌な会話になってきたら、

「こういう話ってオバケが好んで寄ってくるらしいんですよね。僕、めちゃくちゃ怖がりなんで、もうやめません……?」

ついキツいことを言ってしまったら、

「あ、いかん。ネガティブ発言はドクターストップがかかっていたんだった……」

など、つい周囲が「そんなわけないでしょう」と言いながらも笑顔になり、「わかったよ」と自然な同意につながるような流れをつくっていました。

ポイントは、「自分のためにやめる」と言っていることです。正誤や善悪という難しい

ことではなく、シンプルに「自分のため」とすることで、誰も攻撃していないのです。

そして、「私はそこに加わりたくない」という気持ちを伝えることもできます。

ユーモアは、気まずい場を切り抜ける切り札にもなってくれます。

「あ！　そういえば、今月の星占いに〝きれいな言葉を使いましょう〟と書いてあったんでした。すみません、こういう話はこの辺でやめておきます」という感じで、軽くさっと引くことで、自分も相手も気分を害することなく、嫌な気持ちを終わらせていきましょう。

point

まずいと思ったら1回ストップ。その後は「自分のために」したいことを伝えよう

こんなときどうする？
What would you do in this case?

友人と

「わかるよ」とあいづちで共感を示していたはずが、「そんなこと言ってるんじゃないよ」とムッとさせてしまった……

「人の話は最後まで聞きましょう」

小さい頃からそう言われてきたし、頭ではよくわかっているけれど、つい途中で口を挟んでしまう、無意識にそんな状態になっている人は少なくありません。

相手の話から浮かんだ言葉が抑えきれず、相手が話し終わる前に口を挟んでしまい、「そういうことじゃない」とあきらかに相手に嫌な顔をさせてしまった……。

あなたなら、どうしますか？

NG

「なにが違うの？」
「それならそうと早く
言ってくれないと」
「あなたのために言って
いるのに」と言う

OK

どんな状況でも、
相手の言葉を最後まで
聞いてから発言する

Recovery

「余計な口を挟んでごめん」と
行動についてきちんと謝り、口をつぐむ

「あなたの言いたいこと、私はわかっているよ」といった相手に寄り添うつもりの気持ちが、〝わかったつもり〟を引き起こし、早合点や早とちりとなって、かえって相手に対して失礼な行動になってしまうというのは皮肉な話です。

話の途中で口を挟んでおきながら、「それなら早く言ってよ」というのはあまりに自己中心的な言い方であるのは、ちょっと冷静になればわかりますよね。

確かに悪気があったり、嫌がらせをしようとして口を挟んでいるわけではなく、むしろ共感的な姿勢を示そうとしていたとか、気を利かせようとした結果としての行動であることには違いないでしょう。

けれども、「気を利かせて先回りする」というのは、相手にとってみれば喜ばしいというよりも迷惑でおせっかいに映ることが多く、さらにそこをフォローやリカバリーしようとすることで、より怒らせてしまうこともあるので要注意です。

相手は黙って聞いてほしい

フォローしようと思うほど、さまざまな言葉を探して引っ張り出してわかってもらおうとしがちです。けれども、ここでまず思い出していただきたいのは、相手はまずそもそもが「黙って聞いてほしい」と思っているということです。

自分が話したい内容を話しきれていないというストレスやフラストレーションが苛立ちを起こしているのに、さらにあれこれと言葉を重ねてこられたら、より腹立たしくもなるでしょう。

余計な言い訳は、ますます相手の話す時間を奪ってしまいます。長々としたフォローをするより、「余計な口を挟んでごめん」とシンプルに一言添えて黙ってくれた方が、相手の気持ちも落ち着くものです。

つい口を挟んでしまったことに気づいたら、言い訳するのはやめて、シンプルな一言できちんと謝りましょう。

大事なのは早く黙ること。そこに気づくことがよほど効果的なフォローにつながりますし、本当の意味での思いやりにもつながっていきますよ。

point

言葉を重ねるより、口を閉じることがフォローになる

こんなときどうする？

What would you do in this case?

オフィスにて

同僚のミスや愚痴を正論で正そうとして嫌な空気に……

もし、はたから見てあきらかにミスの原因があると思われる人が、他人にその責任をなすりつけるような文句や愚痴を言っているのを耳にしたら、皆さんならどう思い、どんな行動を起こしますか？

「つい正したくなる」という人、気持ちはわかりますが要注意です。正しいことを言ったがために、相手との関係がおかしくなることもあるからです。

あなたなら、こんな時どうしますか？

**原因はその人に
あるのだから、「それは
あなたのミスでしょう？」
と理路整然と説明する**

**自分で気づけるように
さりげなく指摘する**

**「ところで、私になにかできることはある？」と
ポジティブな方向に話を変える**

どんなに気をつけていても、ミスは起こるものです。精巧につくられた機械やシステムですらバグを起こすこともあるのに、生身の人間ならなおさら、その確率が高いのも当然ですよね。

ところが、私たちはミスに対してなかなか寛大になれないのが現実です。他人のミスに対してだけでなく、自分のミスに対しても、認めたくない気持ちが優先してしまうことも少なくありません。

場合によっては、その認めたくない気持ちが、他人に対する厳しい言動を生み出すこともあります。たとえば、揚げ足をとって叱責したり、他人のせいにして言い訳ばかりを並べ立てたりするようなことが起こったりします。

とはいえ、たとえそれが事実であったとしても、「それは違うでしょ」と真正面から否定されて気持ちの良い人はいませんよね。

正論で言いくるめようとしてしまうと、状況によっては相手を追い詰めることになり、相手から見てあなたは「敵」になってしまうかもしれません。いったん敵として認定されてしまえば、その人との間には深い溝が生まれるだけでなく、その後のコミュニケーションが非常にとりづらいものになってしまいます。だからこそ、たとえ正論であってもフォローが必要です。

「正論」が正しいとは限らない

「正しさ」は物事を正常に保ち、良い方向に導いてくれることも確かにありますが、人間関係においては、「正しさ」が攻撃となったり暴力となったりすることもあります。なぜなら、そもそも「正しさ」は人によって異なるものだからです。

なにを正しいとするかは、人の価値観の数だけさまざまな形で存在します。たとえば、子どもの教育を例にとっても、厳しさが必要で正しいとする人もいれば、優しさを持って接することがなにより正しいと考える人もいます。どちらにも明確な根拠や理由があり、どちらも見方によって正しいと言えるでしょう。

大事なのは誰が悪いのかをあぶり出すことより、これからをどうするかです。そのためには、「何か私にできることはある？」というポジティブに方向を逸らす言葉をプラスしてみてはどうでしょうか。

相手を正そうとするよりも、共感的姿勢を見せながら、相手の目線を少し逸らすことを意識してみましょう。それが前向きな話をしやすい状態をつくり、もっと建設的な方向へ向かう話をすることにつながっていくのです。

point

ミスの先に目線を逸らす「私にできることはある？」

こんなときどうする？
What would you do in this case?

友人と

「なんでそんな否定的な言い方しかできないの？」と言われてしまった……

相手の言葉に対して、「でもさ」「だけどさ」という言葉がついつい出てしまうことって、ありますよね。

意図していたわけではないのに、いつの間にか否定的な言葉が口癖になっていて、知らずに相手を不快にさせてしまっていた……。

あなたなら、どうしますか？

NG

口癖はどうしようもないし、
仕方がないと
特になにもしない

OK

肯定語
(「いいね」「そうだね」など)
を意識的に使うようにする

Recovery

「というのも」という言葉を足して、
理由まできちんと伝える

癖というのは、自分が一番気づいていなかったりするものです。人に言われてハッとしたという経験を持つ方も多いのではないでしょうか。

わかりやすい例で言えば、たとえばスピーチや発表などになると、「えーと」「えー」「あー」といった余計な言葉が頻発してしまうケースがあります。こういう言葉は「言葉のひげ」や「フィラー（Filler）」と呼ばれています。「フィラー」というのは、英語の「Ｆｉｌｌ（埋める）」から来ているもので、間を埋めるために使われる言葉、ということです。

私は、仕事柄、スピーチや話し方のトレーニングを頼まれることもあります。受講生の中には、この「フィラー」が多い人が結構いらっしゃいますが、それを指摘すると、皆さん意外そうな顔をします。話している様子を録音して聞いて、「こんなに言っているなんてびっくりしました」なんていうこともあります。口癖は自然に口をついて出ていることが多いので、自分では気づいていないことが多いのです。

「フィラー」だけならば、耳障りにはなっても、相手を傷つけるということはありません。ところが、これが「Dワード」のようなものが口癖になってくると、コミュニケーションには大きな阻害要因となるので、注意が必要です。

「Dワード」とは、「D」から始まる言葉のことを指します。特に「だけど」「でも」「だって」「どうせ」といった否定の意味合いを持つ言葉のことを言います。こういう言葉は、使うだけで自分の意思とは関係なく否定的な意味合いを含ませてしまいます。

「Dワード」が要注意なのは、相手に否定された感覚を与えてしまうからだけではありません。その言葉を使うと、次に続く言葉が自動的に否定的になるので、自分の頭の中も否定的なものの見方が癖になってしまうということにもあります。

試しに、友人があなたに次のように声をかけてきたという場面を想像して、「でも」で○○○○を埋める返事をしてみてください。

「次の週末、映画に行こうよ」
「でも……〇〇〇〇」

どんな言葉が浮かびましたか？

「いいね」「楽しそうだね」「どんな映画にする？」という言葉より、「混んでるんじゃない？」「最近面白そうな映画ないよね」「映画はあまり好きじゃないな」といったような言葉の方が浮かびやすいのではないでしょうか。

最初に「でも」と口にしているので、否定的な言葉の方が浮かびやすいのです。この流れで、気持ち良く一緒に映画に行く、という展開にはなりにくいでしょう。

たまにならまだしも、いつもこんな調子では、相手も良い気分ではないですし、腹を立てたり、二度と誘わないと思ったりしかねません。

とはいえ、誤解しないでいただきたいのは、相手の言うことを決して否定してはならない、というわけではないということです。

人は理由を知りたい

人が「納得」するには理由が必要だと言われています。たとえば「急いで」とただ言われるよりも、「電車の時間が迫っているから急いで」と、理由とともに言われた方が納得感が高まり、素直に一緒に急いでくれやすくなります。

「でも」などの否定語も同じです。それだけを投げかけてしまうと、否定の意味しか伝わりませんが、理由も加えれば、ただの否定ではなく、納得できる「意見」に変わるのです。

そのためには、「というのも」をセットで使うのがおすすめです。

先の例で言うならば、

「次の週末、映画に行こうよ」
「でも、混んでるんじゃない？　というのも、今話題の映画が封切られたばかりだから、映画館に行列ができているらしいんだよ。人混みはできるだけ避けたいから、できれば人の少ないところが良いな」

というイメージです。「というのも」という言葉には、自然に「～だから」という理由の意味合いを持つ言葉がつながるので、この言葉を加えるだけで、意見としてしっかり伝えることができます。うっかり「Dワード」を口にしてしまったら、多少間が空いてしまったとしても、きちんとした理由を伝えることでフォローしていきましょう。

point

「Dワード」は「というのも」でフォロー

こんなときどうする？

What would you do in this case?

オフィスにて

何度も同じことを聞いてくる相手に ついイライラして、 「前にも言ったよね？」と キツく責めてしまった……

特に忙しい時などに、同じことを何度も質問されたり、同じ失敗を幾度となく繰り返されたりすると、心中おだやかではいられないものです。

言っても仕方がないとわかっていながら、つい感情が先走ってしまった……。

あなたなら、どうしますか？

感情のままに
イライラをぶつける

相手の意見も聞きながら
改善策を考える

感情「イライラしてしまった」
➡思い「正直なところ残念」
➡理由「丁寧に伝えたつもりだった」
➡相談「どうしたら繰り返さずに済むだろう」
の順番で伝える

「前にも言ったよね」
「何度言ったらわかるの？」

ついそんな言葉が口をついて出てしまい、相手を萎縮させてしまうようなことは案外起こりがちです。そんなことを言ってもなんの解決にもならないことは十分にわかっているのに、気持ちを抑えきれずに強い言い方をしてしまっては自己嫌悪に陥る。これでは相手にとっても自分にとっても良いことはありませんよね。

相手を強く責めるような言い方をしてしまい、それを無理にフォローしようとすると、むしろ言い訳がましくなったり、相手をさらに責め立てるような言葉になったりすることは少なくありません。特に相手に問題があると思っているような場合に、自分の非を認めることは、悔しさもあって簡単ではないですよね。

自己正当化と合理化

誰だって自分は正しいと思いたいですし。正しいことをしていると信じたい。そして、その正しさを「わかってほしい」ものです。それ自体は悪いことではありませんし、人間が自然に備え持っている心理だと言われています。

しかし、そのような思いがあまりに強すぎると、事実を都合よく解釈して行動してしまうことがあります。心理学では、このような心の動きを「防衛機制《ぼうえいきせい》」と呼んでいます。その作用の１つに「合理化」というものがあり、満たされない欲求に対して、論理的なすり替えによって納得しようとすることを言います。

つまり、「前にも言ったよね？」というのは、「わかってほしい」という欲求が満たされないために、〝自分は正しく伝えたのだから、理解できていないのはすべて相手が悪い〟と考えることで自分の正しさを守ろうとしているということです。

とはいえ、冷静に考えて、仮に相手に問題があったのだとしても、「前にも言ったよね?」と言われて、なにかが改善に向かうでしょうか。「何度言ったらわかるの?」と言われて、相手はそこから1回で理解できるようになるのでしょうか。

イライラをぶつけるための言葉から相手が汲み取るのは、そのイライラとした感情だけです。それによって、相手の心に多少の恐怖心や申し訳なさを生み出すことはできるかもしれませんが、行動は改善されず、また同じことが繰り返されていく可能性が高いものです。

「何度言ったらわかるの?」→「すみません」→「前にも言ったよね?」→「すみません」→「何度言ったらわかるのって何回言わせるの?」→「すみません」→……という負の無限ループが始まってしまいます。

感情はぶつけるものではなく伝えるもの

イライラするのにも疲れ、キツい言い方と表情になっている自分にも嫌気が差してきた。そんな人にこそ、少しだけリカバリーの方法を取り入れてみてほしいのです。それは、シンプルに「感情を思いに変えて伝える」だけで良いのです。

どんなにマイナスな感情であっても、いつもただひたすらグッと我慢しなければならないなんてことはありません。とはいえ、感情をそのままぶつけてしまうと問題が起きることが多いのは確かです。ですから、「感情」を「思い」に転換させるのです。

具体的には、「正直なところ」という言葉を使うと、「思い」の表現に変えることができます。そのうえで、感情→思い→理由→相談という流れに乗せて伝えるのがおすすめです。

たとえば「前にも言ったよね？」と言ってしまったら、

❶ちょっとイライラしてしまった（感情）
❷覚えてもらえていなくて、正直なところ残念だ（思い）
❸前もけっこう丁寧に伝えたつもりだったからさ（理由）
❹どうしたらこうならずに済むだろう？（相談）

このパターンは他のケースでも応用できます。つい「そんなふうに考えるなんておかしいんじゃないの」と言ってしまったら、

❶ちょっと嫌な気持ちになった（感情）
❷正直なところ、あなたがそう受け取るとは思わなかった（思い）
❸誤解させたままにしたくないから（理由）

❹ もう少しちゃんと説明させてくれる？（相談）

相手がこちらの思うように理解して動いてくれたら、それは確かにとても嬉しいことですが、残念ながらそう簡単にはいかないものです。そこを、ただ感情をぶつけることでなんとかしようとすると、かえってよりギクシャクした状態をつくってしまいます。

感情に理性を加えると〝思い〟になり、それが相手に届く言葉となっていきます。つい感情的になったら思い出して、もう少しだけ言葉を足してみてください。

point

「正直なところ」で感情を〝思い〟に変換する

こんなときどうする?

What would you do in this case?

友人と

励まそうと思って「そんなの大したことじゃない」と言ったら、「どうせあなたにはわからないよね」と言われてしまった……

「ちょっと聞いてくれる?」と始まった相談。かなり困っているらしく、真剣に悩んでいる様子。「どう思う?」と聞かれたのだけれど、少しでも気を楽にしてくれたらと「まぁでも、大したことないよ」と伝えたら、「大したことないって、そりゃあなたにとってはそうかもしれないけどさ」となんだかガッカリさせてしまったみたい……。

あなたなら、どうしますか?

「だって、あの人のあれと
比べればさ」などと、
他の誰かのことや違う
出来事と比較して
「大したことない」を
さらにアピールする

相手の気持ちに
寄り添い、話を聞く

「真剣に悩んでいるのに『大したことない』とか
言われたくないよね。ごめん、この言葉は言い換えさせて」と
いったん言葉を回収＆撤回する

「大したことじゃないよ」
「単なる考えすぎでしょ」
「そんなの大げさにとらえすぎだよ」
「そんなことで悩むのは無駄だと思うよ」
「いつもそうやって悪く考える癖があるよね」

相手を励ますつもりで、ついこういう言い方をしてしまうことはありませんか？
根底にあるのは「そんなに悩まないで」という相手を思う気持ちであるにもかかわらず、こういった言い方では、残念ながら伝わりにくいものです。

なぜなら、あなたが心の中でどんな気持ちを持っていたとしても、相手がまず受け取るのは言葉そのものであるため、その印象が、「どうでも良いと思われている」とか、「軽く扱われている」と感じさせてしまうこともあるからです。

相手にとっては、誰かに相談したいと思うほど真剣に悩んでいるのです。それを「軽く扱われた」と感じては、良い気はしないですよね。これでは、相手は「あなたにはわからない」となるのが当然の反応かもしれません。

以前いた職場で、中途入社してきた方に、パソコン作業を教えたことがありました。一通り説明が終わり、１人でやってみるという段階になりました。

しばらくすると「すみません、ちょっとわからないのですが」と聞かれたので、サポートに入ることにしました。見ると、シンプルな作業の部分だったため、私はふと「ここ？　これは簡単なんだけどな」とつぶやいたところ、「簡単なことを聞いてすみません。自分は慣れていないので」とかなりムッとさせてしまいました。

私としては、「難しくないから、すぐに覚えられるよ。大丈夫だよ」といったイメージで伝えたかったのですが、私の言い方から相手が受け取ったのは「こんな簡単なこともできないの？」という責める文句としての印象だったようです。

そもそも「大したこと」であるかどうかを決めるのは、こちらではなく相手です。相手が真剣に相談してきた時点で、すでに相手にとってはかなり「大したこと」なのです。仮にこちらにとっては「大したことじゃない」と思うようなことであってもです。

人と向き合う時は、相手の価値観や感性、気持ちや感情などを、〝判断〟するのではなく〝尊重〟するという意識を持つようにしましょう。それがあれば、不用意な一言が出ることはそもそもなくなっていくはずです。

潔くきっちり回収＆撤回

とはいえ、こちらも人間ですから、気をつけていても、ふと漏れてしまう言葉は誰にだってあることでしょう。もし、ふと口にした言葉が相手の表情を曇らせてしまったと感じたら、一度きっちりとその言葉を回収して、違う言い方に変えましょう。

先ほどの例にあった「大したことじゃない」に限らず、失言や不用意な発言をしてしまった時に、次のような行為はあまり良いリカバリーになっていきません。

- 「そういう意味で言ったんじゃない」と言い訳する
- 「こういう意味で言ったんだ」と理由づけする
- 「まぁまぁ、問題はそれじゃないでしょ」とうやむやにする
- 「だったら私に聞かないで」と逆ギレする

こういったリカバリーをしようとすると、話や関係が余計にこじれてしまう可能性が高まってしまいます。むしろ不用意な発言だったことを認めて、一度きっちり回収＆撤回する方が気持ち良く済むこともあります。

うやむやにしてやりすごすことを考えるのではなく、「○○なんて言い方はすべきでなかった。申し訳ない。さっきの言葉は言い換えさせてもらってもいい?」とはっきり伝える方が、潔くかつ気持ち良く、有効なリカバリーになることもあります。

そのうえで、「さっきの話だけど、聞きながら私はこう思った」と、相手の相談に対する自分の考えをきちんと言葉にして伝えると、不用意な発言へのフォローの気持ちが伝わるだけでなく、「あなたにはわからない」と突き放されるような状況は避けられます。

point

「ごめん、さっきの言葉、言い換えさせて」で言い直す

こんなときどうする？
What would you do in this case?

友人と

仲の良い友人からの結婚報告。嬉しくなってすぐ仲間にも連絡したら、まだみんなには公開していなかった様子。先走ってしまったかも……

たとえば仲良しのAさんから「実は結婚することになった」と聞いたとしましょう。

驚くとともに、とても嬉しくて、早速グループメッセージに「Aが結婚するんだって！　おめでとう！」と流しました。みんなからは次々にお祝いメッセージが返ってきて、喜ばしい気持ちでいたところ、Aさんから「まだ黙っていてほしかった。自分からみんなに伝えたかった」というメッセージが届きました……。

あなたなら、どうしますか？

NG

「みんなが前から、
どうなっているのか
知りたいって言ってた
からさ……」と他の人の
責任にすり替える

OK

自分から伝えて良いか
本人に確認してから、
伝えても良い情報だけを
共有する

Recovery

相手の感情を汲み、自分の軽率さを詫び、
場合によっては報告の場をつくる協力をする

嬉しいことや喜ばしいこと、またはとても驚くようなことがあった時、「早くみんなにも知らせてあげたい！」と思ったことは、あなたにも経験があるのではないでしょうか。

情報の共有は、人間関係を円滑にしてくれる大事な要素の１つです。

心理学に「類似性の法則」といわれる、共通点が親近感を生むという心理効果があります。共通点というのは、外見的なもの（見た目や持ち物、姿形など）はもちろん、環境（出身地や出身校、最寄り駅など）や内面的なもの（嗜好や価値観、考え方など）などさまざまなものがあります。

「共通の情報」というのも、共通点の１つなので、人と人との距離感を縮める効果があるわけです。同じことを知っている、同じ秘密を共有している、といったようなことが、仲間意識を高めるのですね。だからこそ、「早く知らせたい！」という意識にもつながっていくのでしょう。

メディアで流れる一般的な情報なら良いですが、特定の個人の情報の場合はやはり配慮が必要です。もしかしたら、その人は勇気を出してあなたにだけそっと伝えたことなのかもしれません。みんなには知られたくないことなのかもしれません。そういったことを一切考えないまま、相手の意向を聞かずに、自分の「知らせたい！」だけで情報を拡散してしまうのは、あまりにも自己中心的すぎる行為ですよね。

結婚、転職、受験の合格……など、良い情報を嬉しくなって広げてしまったことに、悪意があるわけではないでしょう。ですから、もし、「他の人に言ってほしくなかった」なんて言われたら、相手との関係を悪化させたくないので、つい、「みんながさ……」「あの人がさ……」と誰かを盾にして、自分に対するネガティブな印象をやわらげたいと思うこともあるかもしれません。

とはいえ、これではリカバリーにはならないですよね。この場合、相手の心の中にあるのは、「どうしてそうしたのか」という〝理由〟を聞きたいということではなく、「言わないでほしかったのに言われてしまった」という事実に対しての〝不満〟なのです。

吐いた唾《つば》は飲めぬ

「吐いた唾は飲めぬ」ということわざがあります。これは、〝一度口にしてしまった言葉は取り消すことができない〟という意味です。どんなに悪気がなかったとしても、一度出てしまった言葉を消すことはできませんし、広がった情報をまた集めてなかったことにすることもできません。

もし、つい気分のままに広めた情報で、相手を嫌な気持ちにさせてしまったとしたら、まず、それは相手の感情の軽視につながる行為なのだということを自覚することが第一歩です。そのうえで、情報だけではなく、そこにある相手の感情にも目を向けて、「あなたの大切な情報だったのに、勝手に先走ってしまって本当に申し訳ない」と、自分の軽率さをしっかり認めてお詫びすることがスタートです。

広がってしまった情報を消すことはできないとはいえ、情報を伝えるのは一度だけなんて決まりがあるわけではありません。同じ内容でも、改めて本人の口から語ってもらうのは、周囲にとっても喜ばしいことです。「できれば本人の口から聞いて、直接お祝いを伝えたい」と思っている人も多いのです。

行動で示せる〝場づくり〟

もし先走って周囲に広めてしまったとしたら、(これも、もちろん本人の了承を得てからではありますが) 場づくりのお手伝いをしてみるのはいかがでしょうか。

たとえば、「改めて発表の場を設けるのはどうだろう」と、提案してみて、自分が幹事に立候補するのです。すでに内容を知っているメンバーだからこそ、変に隠さずにお誘いの案内ができますし、かえって段取りもスムーズにいくかもしれません。

リカバリーは言葉だけでなく行動で示すことも大切です。

「フォローしようとしているのが透けて見えやしないか」と心配される人もいますが、透けて見えても良いじゃないですか。むしろフォローしようとしてくれているのだなと思えることが、相手の気持ちを救うことだってあるものです。

point

軽率さを謝罪する　＋
改めて本人の口から発表できる場をつくる

こんなときどうする？

What would you do in this case?

オフィスにて

職場のちょっとしたルールを守ってくれない人がいる。同僚に愚痴を言ったら「そんなに悪い人じゃないよ」と言われ、なんだか自分が悪者になってしまった気分……

いつもオフィスのゴミをきちんと分別してくれない人がいたとします。今日も適当に捨てられていたので腹が立ち、つい、「ああいう人って、なんか家も汚そうだし、性格悪そう」と同僚に愚痴をこぼしました。知らなかったとはいえ、実はその人と同僚は仲良しの友人だったみたい。「そんなに悪い人じゃないよ」と言い返されてしまって、こちらが一方的に悪いことをしてしまったような気分……。

あなたなら、どうしますか？

「へぇ、あの人と
仲良かったんだ、意外……」
と含みを持たせるような
言い方をする

行為と人格を混同させず、
意見するなら
行為のみにする

「嫌味な言い方をしてしまったけれど、本当に困っている。
あの人にはどう伝えたらわかってもらえそうかな？」
と、その人への対応を相談してみる

意外なところで知り合いの人々がつながっていることを知り、「世の中狭いね」というセリフを口にしたことがある方は多いのではないでしょうか。

相手の友だちだと知っていたら言わなかったかもしれない愚痴。「そんなに悪い人じゃないよ」と言われたら焦りますよね。

でも、焦ったからといって、その発言のフォローをするつもりで「あの人と仲良かったんだ、意外……」などという言葉を口にするのはおすすめできません。その「意外」というのは良い意味にも悪い意味にもとれますし、含みを持たせた印象となって相手に伝わり、その相手のことも悪く言っているように受け取られてしまうこともあるからです。

アメリカの心理学者であるスタンレー・ミルグラムが行なった検証に「スモールワールド実験」というものがあります。

これは、ある特定の人物に手紙を送るために、実験の参加者がその人につながりそうだと思う知り合いに手渡しで送るということを試みました。その結果、平均的に約6つのつながりを介して到達していたことがわかり、「スモールワールド現象」が検証されたと言われています。この現象は、６つのつながりということから、「六次の隔《へだ》たり」とも呼ばれます。

つまり、ある人物に対して、相手が知っているわけがないと思い込んでいると、案外どこかでつながっている可能性が高いということ。安易にその人物のことを悪く言ってしまったりすると、目の前の相手を嫌な気持ちにさせてしまう可能性もあるということです。

もしこのような状況になったら、人のことを悪く言う嫌な人間だと思われてしまったのではないか……と、心配になりますよね。

けれども、たとえば冒頭の例では根拠もなく言っているのではなく、「ゴミを分別してくれないという理由」と、「それによって困っているという事実」があってのことですから、それを指摘すること自体は間違っているわけではありません。

「感情＋意見＝納得」を意識する

コミュニケーションにおいて、感情を適切に伝えるのは、相手との関係づくりにおいてとても大切なことです。

- 喜怒哀楽の感情の動きがわかりやすい人
- なにを考えているのかわからない人

どちらの方がつきあいやすいと感じますか？

「人は感情の生き物」と言われていますし、感情が見えることは、その人に対する理解度を高めます。ですから、感情を抑えて相手や周囲に合わせ、必要以上に我慢する必要はありません。

けれども、感情の中に相手へのダメージ（攻撃）を加えてしまうと、ただの「文句」「暴言」となってしまうので要注意です。同じことでも、攻撃性ではなく〝意見〟を加えれば、そこには納得が生まれます。

たとえば、初めに出てきた、他の人の愚痴を言ったら、相手から思いがけない反応が返ってきたというようなシチュエーションになってしまったら、「腹を立てている」という感情で相手を攻撃してしまっていることに早く気づいて、「困っているからなんとかしてほしい」という意見をしっかり伝えることに、意識と言葉をシフトさせていきましょう。「実は困っているんだ。あの人のことをよく知っているなら教えてほしい、どう伝えたら良いかな」というイメージです。

そもそも、問題なのは、「ゴミを分別しない」という〝行為〟であって、〝人格〟ではないですよね。このシチュエーションに限らず、〝人格〟を否定するような言動は、攻撃性が高く、人間関係を壊すことが多いので気をつけましょう。

孔子の言葉に「罪を憎んで人を憎まず」というものがあります。頭ではわかっていても、そうそう割り切って考えられるものではないにせよ、日頃から問題と人格は切り離して考える癖をつけるようにしていきたいですね。

point

「嫌な気持ち」が出てしまったら、「困っていること」を伝えて相談する

こんなときどうする？
What would you do in this case?

オフィスにて

相手を褒めようとしただけなのに、つい別の人と比べるような言い方をして、微妙な雰囲気になってしまった……

「Aさんって、Bさんより仕事デキるよね」

純粋に相手のことを褒めようとしただけなのに、たまたまその場にいた他の人を下げるような言い方をしてしまって、傷つけたかもしれない……。

あなたなら、どうしますか？

NG

「Bさんより A さんの方が
良いよね」と
“比較”で褒める

OK

「A さんは〇〇だから
良いよね」と
“理由”で褒める

Recovery

「〇〇ならAさん、□□ならBさんが良いね」と
長所を褒める

たくさんある中の1つを際立たせようと思ったら、主に次の2つの方法があります。

❶対象のものだけを、他より高く上げる
❷対象以外のものを下げる

❶は対象だけを扱っているのに対して、❷は周囲も巻き込む分、影響力が広がります。

❶「この店は特別美味しいね」
❷「この店はあっちの店より美味しいね」

どちらの言い方も「この店」を褒めていることに変わりはないのですが、❶の言い方に対して❷の言い方は、「あっちの店」の立場から考えたら良い気はしないですよね。

フォローのつもりが傷口を広げてしまうことも

当人がいる場でその人を下げるような言い方をしてしまったなんてことがあると、つい焦って、「しまった」という顔をしてごまかそうとしたり、「そういうつもりで言ったんじゃないです」とか「誤解しないでください」と一生懸命フォローしようとしたりすることもあるかもしれません。

しかし、それこそまさに傷口に塩を塗り込むような結果になりかねないですし、必死のフォローが、より相手を傷つけることもあるので、あまりおすすめできません。

言ったことを消すことはできませんし、なかったことにすることもできませんが、衝撃をやわらげることはできます。服についた汚れを必死にゴシゴシこすったら広げてしまうだけですが、軽くポンポンと押さえると最小限にすることはできますよね。

同じように、「別にあなたができないって言ってるわけじゃなくてね……」なんて必死なフォローをするよりも、つい下げるような物言いをしてしまったその人のこともしっかり褒めるようにするのです。

相手の長所を言葉にする

褒めるといっても、急に容姿のことをあれこれ言ったり、歯の浮くようなお世辞を言ったりするのではありません。とってつけたような不自然な持ち上げは、より相手を不快にさせてしまうこともあります。

「○○だったら、□□さんが『一番』ですね」

この○○の部分に相手の長所を入れるようにしてみてください。

たとえば、AさんとBさんという人がいたとします。Aさんの長所はなんでも器用にできるところ、Bさんの長所は作業が速いところ。Aさんを褒めるつもりでつい、「BさんよりAさんの方が器用ですよね」と言ってしまい、その場にいるBさんの表情が曇ったとしましょう。Bさんの苦笑いが微妙な雰囲気をつくり出します。

そこですかさず「でも速さでいったら、Bさんが一番ですよね」と加えるのです。Bさんの長所もしっかり言葉にすることで、Aさんだけを持ち上げるという事態を防ぐことができますし、AさんもBさんも気まずい思いをせずに済みます。

長所を言葉にできるようになるためには、普段から相手の良いところに目を向けておく必要があります。人づきあいが苦手という人ほど、よく話を聞いてみると、相手の嫌なところや苦手なところばかりを見ている傾向があります。嫌なところが見えすぎるから、人が怖くなったり苦手意識が高まったりするという悪循環を生み出してしまうのです。

相手の長所を見るようにすると、リカバリーする際に限らず、人間関係自体がもっと楽しくなり苦手意識も減らしていくことができます。

「○○だったら、□□さんが一番ですね」というフレーズを取り入れると同時に、普段から相手の「良いところ探し」の目線を持つようにしてみませんか。

point

「○○だったら、□□さんが一番ですね」と長所を褒める

こんなときどうする？
What would you do in this case?

友人と

話題にした内容が、気にしていたことだと後で聞き、言ってしまったことを後悔……

こちらとしては軽い話題のつもりで言ったことが、意図せず相手を傷つけてしまう。どんなに気をつけていても、残念ながらそういうことは起こり得るものです。

たとえば、ダイエットをしているのかと思い、「痩せたね！」と褒めたつもりが、実は本人が最近食欲がなくて痩せてしまったことをとても気にしていたらしい……。そうと知っていたら言わなかった言葉。その場では本人も周りも特になにも言わなかったけれど、自分の不用意な発言を後悔していたたまれない気持ちに……。

あなたなら、どうしますか？

直接もしくはメールなどで
「この前はすみませんでした」
と蒸し返して謝る

初めからパーソナルな
話題には触れないように
話題を選ぶ

相手に関する“別の話題”について
「聞きたい」「知りたい」と伝える

その場で相手の気持ちに気づければ、すぐに謝ることもできますが、案外、相手も気をつかって気にしていないふりをしていることもあります。相手のとりつくろった笑顔に安心して、その気持ちに気づけなかったなんてことも少なくありません。

「失敗した！」と思うほど、「早くなんとかしなければ」と焦ってしまいがちです。いきなり相手のところに走って行って、「気にしていたって聞きました。本当にごめんなさい」なんて深々と頭を下げる。これは一見すると誠実な行動に見えますが、ちょっと冷静に立ち止まりましょう。

謝ることで二度傷つけてしまうことも

「なんとかしよう」とすることが、かえってさらに相手を傷つけてしまうこともあります。そもそもその場で、気にしていることを悟られないように振る舞っている時点で、それは相手にとって隠しておきたい感情なのかもしれませんよね。そこをあえて蒸し返して謝るというのは、相手のためではなく自分のためになってしまってはいないでしょうか。

いたたまれない気持ちになったから、言ったことを後悔したから、そういう理由で行動しているとしたならば、それは自分のその気持ちをおさめるためにしているということです。相手の傷ついた気持ちに寄り添っているようでいて、実は自己満足のためにしている行動とも考えられますよね。これでは決して、相手に対するフォローにもリカバリーにもなりません。

自分を守ろうとすると、逆に同じことを2度してしまうことがあります。たとえば、待ち合わせに遅刻しそうになったけれど、あまり待たせるのも申し訳ないし、ルーズな人間だとは思われたくはないので、到着までの時間を短めに伝えてしまう……なんて経験はありませんか。本当は10分遅れそうなのに、短めに「5分」と伝えるようなイメージです。

猛ダッシュしてみたものの、やはり5分というわけにはいかず、7分で到着したとしましょう。確かに10分遅れるという状態にはなっていませんが、それでもやはり2分の遅刻です。自分を守ろうとした発言のせいで、結局2度も遅刻を繰り返すことになり、さらに信頼を失いかねません。最初から素直に「10分」と伝えていた方がよほど印象は良かったでしょう。

自分を守るための行動は、時に相手に対してさらに失礼であったり、傷つけるようなものであったりするのです。

〝なにもしない〟というリカバリー

リカバリーというと、「なにをするか」と考えやすいですが、あえて「なにもしない」ということが必要なケースもあります。あれこれと言葉や行動をむやみに積み重ねることで、リカバリーになるより、かえって話を複雑にしてしまうこともあるからです。

相手が傷ついていたことに後で気づいて、どうしようもなく申し訳なさが湧き上がってきたとしても、わざわざ蒸し返して謝ると、相手にしてみれば「せっかくもう忘れようとしていたところだったのに……」とか「それにはもう触れないでほしいのに……」と、かえって嫌な気持ちが増すこともあります。

ですから、あえてそこには触れずにそっとしておく方が親切になることもあります。急いで同じ話題でなんとかリカバリーしようとするのではなく、次に会えた時に相手が楽しく話したくなるような話題を探す方が、むしろ喜ばれることもあります。

たとえば、その時の会話をよく思い出して、相手が言っていたまったく別のことに触れるようにするのです。

「そういえばあの時、○○が好きっておっしゃっていましたよね、あの場では伝えそびれてしまったのですが、実は私の家の近くに良いお店があるんですよ」

「昔、□□をされていたことがあるって言っていましたよね。それがずっと心に残っていて、とても興味があるのですが、その話をもっと聞いても良いですか？」

自分の話を覚えていてくれるというのは嬉しいことですし、覚えていてほしくないことには触れずにいてくれるのもありがたいことです。そこで弾む話ができれば、過去の嫌な気持ちも薄らいでいきます。

喜ばしくない記憶は、喜ばしい楽しい記憶で上塗りするのが最も良いリカバリーです。失言は二度としないようしっかり反省しつつ、相手の忘れたいと思う気持ちも大切にできることが思いやりの表れにもなります。

point

「なにもしない」という選択もリカバリー

こんなときどうする？
What would you do in this case?

友人と

仲間内でたわいのない雑談で盛り上がった。切り上げたタイミングが悪く、途中で入ってきた友人が悪口と勘違い。とても気を悪くした様子……

あなたが仲間たちとワイワイと盛り上がって話していたとしましょう。ちょうど話がひと段落ついた時、とある友人がやってきました。たまたまそこで会話が途切れたタイミングであっただけなのですが、友人にしてみたら「自分が入ったからみんなが話をやめた」ように見え、「自分について悪口を言っていたんだ」と勘違いしてしまった様子……。

あなたなら、どうしますか？

NG

「別にあなたのことを
話していたわけじゃない
からね」と必死に弁解する

OK

その場ですぐに
「良いところに来た！
今こんな話をしていたんだ
けど」と相手を輪に入れる

Recovery

個人的にそっと声をかけ
「さっきあなたが入ってくる直前に
こんな話題になっていたのだけれど、どう思う？」と
さりげなく情報を伝え、意見を求めてみる

自分の知らないところで自分の話をされていたと知ったら、あなたならどう思いますか？

「話題にしてもらえるなんて嬉しい」「気にかけてくれているのだなと感じる」という人もいるかもしれませんが、少々複雑な気持ちになるという方も多いのではないでしょうか。

相手との関係性にもよるとはいえ、やはり良い噂だったのか悪い噂だったのか、気になるものですよね。そして、人はどちらかというと物事をネガティブにとらえる傾向が強く、いったん「こうに違いない」と思い込むと、それを自分の中で勝手に確信に変えていってしまうことがあります。

このような思い込みを、心理学では「確証バイアス」と言います。これは、思い込みや偏った考え方を正当化するために、それに合致するような情報ばかりを見て集めてしまうという心理現象です。

たとえば、「あの人に嫌われているのかもしれない」という考えを持つと、その相手のちょっとした言葉や態度において〝冷たい〟と感じられる部分だけを見て、「やはりそうなのだ」ということを確信に変えていくということです。

相手に意見を求めるために情報を伝える

もしその場でうまくリカバリーできず、ぎこちない雰囲気をつくり出したまま終わってしまったら、その後個人的にそっと伝えることをおすすめします。その際のポイントは、ただ誤解を解くために情報を伝えるのではなく、相手の意見を求めるために情報を伝える、という意識を持つことです。

たとえば、先ほどの会話であれば、「さっきのことなんだけど、悪口とか言ってたわけじゃなくてね」と前置きをするのではなく、「さっきあなたが入ってくる直前、○○の話題になっていたのだけれど」＋「これについてあなたはどう思う？」という2段階にするのです。

人には誰しも「承認欲求」があります。これは、〝他人から認められること〟や〝自分を価値のある存在だと認めること〟を求める心理です。「意見を求める」という行為は、この「承認欲求」を満たす行為の１つです。

ですから、「どう思う？」と聞くことは、相手の承認欲求に働きかけ、相手の中に喜びや安心感を生み出すことでもあります。

ただ情報を伝えるだけでは、その情報の中身しか伝わりませんが、情報を伝えて意見を求めることで、あなたが相手の存在を大事に思っているという気持ちも伝えられ、そちらの方がしっかり関係性のリカバリーにつながっていきやすくなります。

相手の気持ちを否定することがリカバリーではありません。「嫌われているかも」という気持ちに対して、「嫌いじゃない」とただ否定するだけでは、相手のその不安はなかなか消えないものです。

相手の気持ちをなんとかする方法を考えるより、相手の存在を必要だと思う自分の気持ちをしっかり伝える方法を考える方が、相手の安心感を支え、良い関係を続けていくことができますよ。

point

「さっきの話題は〇〇だったんだけど、あなたはどう思う?」と〝意見〟を聞く

こんなときどうする？

What would you do in this case?

オフィスにて

メールで送った文章が キツい言い方にとらえられてしまい、 急に相手がよそよそしくなり 距離を置かれているような気がする……

もらったメールに書かれていた内容の意味が、いまいちわかりにくかった。念のため確認するために、シンプルに「これはどういう意味ですか？」と送ったところ、「気分を害してしまったのであれば申し訳ございません」という返信が。

もちろん、まったく気分を害してなどいなかったので、思いがけない返信にドキッとしました。何気なく使った言葉に対して、相手が思いがけない反応を示してきて焦ってしまった……。

あなたなら、どうしますか？

NG

メールはそういうもの
だから仕方ないと諦めて、
内容だけ伝わっていれば
良しとする

OK

メールはニュアンスが
伝わりにくいことを踏まえ、
特に意図や理由などを
きちんと言葉にして送る

Recovery

「もしかしたら〜かもしれないと、少し心配です」
という正直な気持ちを伝える

対面でのコミュニケーションであれば、言葉だけではなく表情や態度など、さまざまな要素を使ってやりとりをすることができますが、メールは文字だけのやりとりです。さらに受け取る相手は、文字上の意味だけではなく、その言葉から伝わってくる印象やイメージなどを駆使して理解しようとします。

同じ言葉でも、対面であれば、やわらかいイントネーションや表情を添えることで、意図しない伝わり方を避ける工夫ができます。一方、文字だけでは、仮に使う言葉はまったく同じでも、相手の脳内でキツい音と表情のイメージで再生されてしまうことがあります。メールやチャットのような文字だけのやりとりは、相手の感性や感覚によって、〝思ってもいない方向に受け取られてしまう〟というリスクを常に含んでいると言えます。

知らない間に関係のよどみが生まれてしまう

よほど近しい関係性でない限り、あなたの言葉になにか引っかかっても、相手がそれを指摘することは少ないものです。気の置けない間柄ならば「そんな言い方はないんじゃない？」とか「怒ってるの？」など、違和感や不快感を伝えてくることもありますが、仕事上のつきあいであったり、まだよく知らない関係性であれば、わざわざそこを指摘することはなく、心に引っ掛かりを持ちながらそっと壁をつくる、ということが起こり得ます。

なんとなく相手からの不穏な空気は感じ取りつつも、特になにも言ってこないことを理由にスルーしたり放置したりしてしまうと、壁は分厚くなっていき、空気もどんどん濁ってしまい、後の関係性に大きな影響を与えてしまうこともあるので、おすすめできません。

とはいえ、無理に相手に考えを言わせようと踏み込みすぎるのも、しつこく思われたり、より不快感を与えたりすることがあるので注意したいところです。そのような時は、相手に言わせようとするのではなく、こちらから代弁することを考えた方がうまくいくこともあります。

言葉を代弁する「ｉｆ思考」

主にプログラミングや論理学の中で、問題解決や計画立案に使われてきた考え方に、「if思考」というものがあります。これは、「もし〜だったら」という仮説による条件を立て、それが成立した場合の行動や結果を考えることを指しています。

この〝条件に応じてアクションを考える〟という考え方は、近年さまざまな形で応用されるようになっています。たとえば、メンタルヘルスにおけるセルフケアでも、「もしあの人だったらどうするだろう（どう言うだろう）」「もしAではなくBだったら私はどうするだろう」などのように、あえて視点を変えて視野と思考の幅を広げることに活用されたりしています。

これを今回のケースで応用してみましょう。つまり、「もしかしたら」という前提で、相手の気持ちを代弁して言葉にして伝えてみるのです。

「もしかしたら、先ほどの○○という言い方は、冷たい印象を与えてしまったかもしれないと少し心配しております」

そして「お伝えしたかった真意はこういうことなのです」と改めて伝えたいことを別の言葉でしっかり伝えれば、濁った空気を少し澄んだものに変えるフォローになります。

そう伝えてみたら、案外こちらの思いすごしで、「そんなこと思ってないですよ」となるケースももちろんあるかもしれませんが、それならそれでモヤモヤを残すより良いですよね。それに、もし思い違いだったとしても、相手のことを真摯に考えたというその気持ちが伝わり、人間関係のプラスになっていくはずです。

point

「もしかしたら」で真意を伝えておけば、誤解を防げる

こんなときどうする？
What would you do in this case?

友人と

会話の流れで、つい熱くなりすぎて、相手の言葉を全否定してしまった……

話しているうちに熱くなって冷静さが失われると、勢いのままに、普段ならしないような言動をとってしまうことがあります。たとえば、大声を出したり、物を乱暴に扱ったり、思わず手が出てしまった……なんてこともあり得ます。こういった攻撃性は、行為だけではなく、言葉で表れることもあります。相手を全否定したり、強く非難したりといったようなことです。

つい熱くなって、相手の意見を真正面から全否定してしまい、相手がムッとして黙り込んでしまった……。

あなたなら、どうしますか？

NG

全否定するか
全肯定するかの
二者択一で考える

OK

「そこは意見が
わかれるところだね」
と、やんわり濁す

Recovery

「不快な態度をとって申し訳ないです」
＋
「聞くだけ聞いてもらえないですか」

コミュニケーションの失敗例や反省例に関してよく聞かれるのが、「つい熱くなって」「ついカッとなって」という言葉です。このことからもわかるように、熱さは冷静さを奪ってしまうことがあります。

「熱くなる」というのは決して悪いことではありませんが、コミュニケーションにおいては少し気をつけた方が良いこともあります。

また、このような状況が起きると、フォローのつもりで、自分の発言の意図や意味を必死に説明しようとする人もいますが、これは逆効果になりやすいので気をつけましょう。相手が気分を害したのは、話の内容以上にあなたの態度であることがほとんどだからです。態度に腹を立てているのに、内容でフォローしようとしてもうまくいきません。

否定の言葉は〝否定の態度〟の表れ

否定されることは気持ちの良いことではありませんし、否定してくる相手に肯定的な感情は抱きにくいものです。だからこそ、「否定語は極力使わないようにしましょう」ということが、コミュニケーションに関する本や話の中には必ずといって良いほど出てきます。

確かにその通りですし、そこに間違いはありません。でも、ここで忘れてはならないのは、一番の問題は否定的な言葉以上に、それを生み出した否定的な態度や考え方にあるということです。

相手が受け取っているのは言葉だけではありません。その言葉を受け取ると同時に、その言葉の発生源となっている態度や考え方も受け取ります。つまり、たとえば「そんなのくだらない」という言葉に相手が傷ついたとしたら、その原因は、「くだらない＝価値がない」という言葉の意味だけではなく、「くだらない」と判断しているその考え方にもあるということです。

実は、「くだらない」という言葉以上に、「くだらない」と思われていることに傷ついていたりもするのです。

ですから、否定的な物言いをしてしまった際に、「悪い意味で言ったんじゃないよ」とか「○○という言葉の意味は……」といったように、言葉の意味についてフォローしようとしても、うまくいかないどころか、より状況を悪くさせることもあります。切り傷に湿布を貼ったら、悪化してしまうのと同じです。

今回の〝全否定〟も同じです。全否定の言葉を使ってしまったこと以上に、全否定の態度が問題なのです。ですから、このような場合は下手に説明するのではなく、しっかり態度を反省して、思いを伝えることがとても大事になってきます。

「不快な態度をとって申し訳なかったです。先ほどの話を踏まえて、私の意見を聞くだけ聞いてもらえないかな」と伝えた方が、冷静さを取り戻しやすくなります。

「聞くだけ聞く」で相手に委ねる

ここでのポイントは、この「聞くだけ聞く」という言葉にもあります。

「聞くだけ聞く」には、〝話を聞いて、受け入れるかどうかはあなたが決めて良いですよ〟といったニュアンスが含まれます。「聞いてください」だけだと、〝聞いて理解、または同意してください〟という、少々強制力を含むように受け取られてしまう可能性もありますが、「聞くだけ聞いてください」と伝えると、〝聞くだけで良い〟という部分が強く伝わるので、強制力が薄まります。

相手が気分を害して聞く耳を塞いでしまった、といった場合、このような伝え方は特に有効です。

ただし、「聞くだけ聞いてください」は、自分の行為に対して使うと大変失礼になるので要注意です、相手になにか質問をする際に、「一応聞くだけ聞いておきたいのですが、〇〇について教えていただけますか？」なんて言い方をしたら、相手はきっとムッとするでしょう。

自分としては、ただ〝ヒントがほしい〟という気持ちで伝えているつもりかもしれませんが、こういう言い方をすると、相手にしてみれば〝あなたの回答を受け入れるかどうかは私次第なのであしからず〟といったように聞こえるからです。

リカバリーで使う場合には、あくまでも、相手の選択に委ねる意味として「無理強いはしませんので、聞くだけ聞いてもらえますか」というスタンスで使いましょう。

point

「聞くだけ聞いてください」と相手に選択を委ねる

こんなときどうする？

What would you do in this case?

オフィスにて

急に話を振られると、どうしたら良いかわからなくなってしどろもどろになってしまう……

会議の席で急に話を振られ、言いたいことはあるのだけれど、とっさにうまく言葉にできずにしどろもどろ。「前の話、ちゃんと聞いていたの？」と、意見がちゃんと言えないのは話を聞いていなかったからだと誤解されてしまったみたい……。

あなたなら、どうしますか？

「すみません……」
とだけ言う

「私が思っているのは」と
結論と意見を
端的に述べる

「まだ頭の中がまとまっていないのですが」
「うまく言葉にできるか心配ではあるのですが」など、
素直な状態を伝える

あなたはアドリブに強い方ですか？　弱い方でしょうか？

かつての私は、学生時代に演劇を学んでいた割には急な対応には弱い方で、突然話を振られると真っ赤になって下を向いているようなタイプでした。「失敗したら恥ずかしい」という気持ちが強く、失敗しないためには、話す内容がすべてあらかじめ決まっている方が安心だと思っていました。

舞台には台本があります。あらかじめ会話やストーリーの流れが決まっているので、安心できると考えることもできます。でも、実はそうではないのです。台本にはすべてのセリフが書かれているわけではなく、「ト書き」といって、登場人物の状態や動作のみが書かれており、セリフ自体は役者に任せるといった部分もたくさんあります。

変なことを言ったら台なしにしてしまうかもしれない、さらに「さぁ、ここでなにを言うんだ？」と期待と興味を持ってじっとこっちを見ている人に囲まれている……そのプレッシャーたるやなかなかなものです。考えすぎて結局なにも言えずに大失敗、なんてこともよくやらかしました。

なんでもそうですが、「急に言われても困る」、これに尽きますよね。せめて少しでも準備する時間があれば良いのに……。

今の状態を言葉にする

急に話を振られて、うまく言えないことを申し訳なく思う気持ちから、つい「すみません……」と言いたくなってしまうかもしれませんが、そこはグッと堪えましょう。ここで、ただ「すみません……」とだけ言ってしまうと、「(聞いていませんでした) すみません」という意味にとらえられてしまうかもしれないからです。

本当に聞いていなかったのなら別ですが、しっかり聞いていたのに単に急な出来事に慌ててしまっただけならば、誤解を深めるのはもったいないですよね。

しどろもどろになっている自分に気づいたら、まずはその状態を素直に伝えることが一番です。恥ずかしいからと隠そうとすればするほど、悪循環になることもあります。「まだ頭が整理できていないのですが」「うまく言えないのですが」など、今の状態をそのまま伝えれば良いのです。

そのうえでまずは結論、それから言いたいことがあるならつけ加えて伝えれば、十分です。無理にあれこれ加えなくても良いし、話は短くても良い、むしろ短い方がわかりやすいです。「ちゃんと言わなければ」と思うから焦るということもあります。「うまく言えないのですが、私はこう思っています」。これだけでもあなたの考えていることは最低限伝わりますよね。

「べき思考」が邪魔をする

〝認知の歪み〟や〝自動思考〟と呼ばれる、いわゆる「考え方の癖」の1つに「べき思考」があります。これは、「Must思考」や「Should思考」とも言われますが、「〜べき」「〜ねばならない」という考え方にとらわれることで、価値観の押しつけや行動の制限などが起こりやすくなる思考パターンです。

頭の中が真っ白になったり、どうしたら良いかわからないなんて状態になっている時は、もしかしたら自分に「べき思考」を強く持ってしまっているのかもしれません。「うまく言わなければならない」「ちゃんと発言するべき」。そのような気持ちが、突発的な出来事に対し、焦りや戸惑いを生み出す要因となり、しどろもどろにさせてしまうのです。

アドリブに強くなるためには、まずはこの「べき思考」を外して、「うまく言えなくても良い」「自分の思っていることを素直に言って良い」「結論だけ言えれば良い」という意識に変えていきます。実際に私も、こういった言葉を常に自分に言い続けるようにしたことで、少しずつですが急な状況でも慌てないようになっていきました。気を楽にもてるようになったことで、今ではむしろアドリブの方が楽しいと思えるようにすらなりました。

慌てている自分、焦っている自分を隠す必要なんてないのです。むしろ、そのような部分を隠さず見せた方が、人間味があると感じてもらえて、かえって印象が良くなるようなこともあるものですよ。

point

「今こういう状態です」ということをそのまま伝える

こんなときどうする？
What would you do in this case?

オフィスにて

ミーティングで、つい相手を言い負かそうとしてしまった……

ミーティングで、自分の意見に対して反対意見を述べてきた相手に対し、なんとか自分の正当性を理解させようとムキになってしまいました。

自分の考えや意見、その根拠と理由などをまくし立てていたら、なんだか相手が面倒くさそうな顔になってしまっているようです……。

あなたなら、どうしますか？

NG

自分の正しさと
相手の間違いを、
あらゆる手を使って
証明する

OK

「違い」を受け入れ、
「理解・納得」の
ポイントを探る

Recovery

「よく考えてみたら」という言葉とともに
あえて違う見方を取り入れてみる

自己主張というと、どこか「自己中心的」とか「わがまま」なんてイメージを持つ方も少なくないですが、自分の意見をきちんと述べて自己主張をすることは、決して悪いことではありません。

しかし、それも度がすぎると、「話し合い」ではなく「論破」になってしまいます。「論破」というのは、「議論によって相手の説を破ること」です。つまり、話し合いではなく、勝ち負けになってしまいます。

話し合いやコミュニケーションは、「奪い合い」ではなく「わかち合い」のためにするものです。「どうやって勝つか」ではなく、「どうやってわかり合うか」を目的に行なうもの。とはいえ、そんなことは頭ではわかっていても、つい気分が高揚するとやりすぎてしまう、というケースも少なくありません。

人間には喜怒哀楽という感情があり、中でも「怒」の感情は強い作用を持つと言われています。確かに、「喜・哀・楽」は基本的に〝自分の中で味わう〟方に向きやすいですが、「怒」は〝相手にぶつける〟という行動につながりやすい傾向があります。

相手を言い負かそうとしてしまう時、そこには「怒」の感情が強く存在しているのかもしれません。違う意見を持つ相手、反対のことを言う人に対して、「怒」の気持ちがあるから、戦いを挑んでしまうのです。

「アンガーマネジメント」で冷静になる

もし相手を言い負かそうとしている自分に気づいたら、まずは6秒だけ黙ってみてください。これは「アンガーマネジメント」（怒りの感情を理解し、コントロールするための心理トレーニング）において推奨されている方法です。諸説ありますが、情動的感情をコントロールするための理性（前頭葉）が働くのには3〜5秒ほどの時間が必要だと言われています。その間を「やりすごす」ことで感情に振り回されるのを防ぐことを目的とした方法です。

つい熱くなってやりすぎた、つまり感情的になった自分に気づいたら、まずは理性を働かせるための時間を持つ。そのうえで、改めて冷静に話を始めれば良いのです。

とはいえ、さっきまで暑苦しいほど熱弁していたのに、急に違うことを言い出されたら、相手は混乱します。ですから、「よく考えてみたら」という言葉を使ってみるのはいかがでしょうか。

「でもまぁ、よく考えてみたら、これも偏った考え方だよね」「よく考えてみたら、これはちょっと言いすぎだよね」など、この言葉をサポート材料にして、相手の立場も尊重した言い方に変えていくのです。

自分には自分の正しさがあるように、相手にも相手の正しさがあるものです。コミュニケーションは、まずそれを受け入れるところからがスタートです。違いを良し悪しで判断するのではなく、違いを理解のタネにして、より良い関係性を育てていきましょう。

point

「よく考えてみたら、ちょっと言いすぎたかも」で譲歩の道を開く

こんなときどうする？

What would you do in this case?

オフィスにて

職場の仲間の意見に対して否定的な考えを述べたら、「前は賛成してくれてたよね？」と冷たく言われてしまった……

会議の席での同僚の発言、いまいち賛成できる内容ではないと感じたので、最終決議で反対の方に手を挙げました。すると、会議の後に同僚が近寄ってきて「さっきのはどういうこと？　前は賛成だって言ってたよね」と怒り顔……そういえば、そんな話をしたこともあったかもしれない……。

あなたなら、どうしますか？

NO

「え？　そんなこと
言ったっけ？」と、
とぼける

OK

自分の行動には
“理由”と“一貫性”を持ち、
気分だけで行動しない

Recovery

「確かにそう言ったね」と
自分の言葉の責任を引き取ってから、
「少し補足させて」と自分の意見を伝える

「一貫性」は人間関係において重要な柱です。意見や態度をコロコロ変えるのは、信用されないだけでなく、相手を驚かせたり困らせたりして、嫌悪感を抱かれることもあります。

とはいえ、自分も含め、人の気持ちは常に一定しているわけではなく、時と場合によって変わるもの。好き嫌いも、物事の是非も、考え方や受け止め方も、理解度や状況に応じて変化することはあるでしょう。

気分なんて変わるものだから、気まずいことは、忘れたふりをしてなかったことにしてしまえば良い。もしそんな考えが頭をよぎったら、ちょっと立ち止まりましょう。そうやってその場をごまかしても、残るのは「いい加減」「ズルい」「自分勝手」といったネガティブな印象だけです。それでは、ただでさえ「一貫性」が揺らいで生まれた溝が、ますます広がってしまいます。

相手はあなたをただ責めたいというよりも、なぜそうなったのかを知りたいのではないでしょうか。「前はああ言ってくれていたのに、なんで?」ここにショックを受けているのですよね。ですから、凍った空気を溶かすためには、その「なんで」にしっかり応える必要があります。

「補足」はいつでも可能なフォロー

「なんで」を説明しようとすると、つい「だって」から始めてしまいがちです。この「だって」は、コミュニケーションを阻害するDワード（「だけど」「でも」など、Dから始まる否定的表現）の1つです。69ページの「否定的な言い方を指摘された」ケースでもお伝えしましたが、「だって、仕方がないでしょう」「だって、うまくいくわけないでしょう」といったように、後に続く言葉が、言い訳がましくなったり否定的な表現になったりしやすいものです。これでは余計に不信感の上積みになってしまいます。

相手の心に芽生えた不信感を、少しでも軽減させるために使えるキーワードは「補足させて」です。なかったことにするのでもなく、言い訳にするのでもなく、言ったことは認めながら、今の素直な気持ちを加えるのです。「補足」は前の情報を打ち消すことではないため、前の発言に対する責任も示すことができます。

「確かに前はそう言ったよね」と、いったん言ったことそのものは認めましょう。「今回の件については少しだけ補足させて。実はちょっと気になることが出てきて……」といったように、相手に届いていない気持ちを「補足」という形でしっかり届けることができれば、相手も「なんで？」がクリアになってスッキリしますし、納得しやすくなるのではないでしょうか。

point

「確かに前はそう言ったよね、少し補足させて」と素直に補足する

こんなときどうする？
What would you do in this case?

友人と

「仕事が忙しくて」と気が進まない誘いを断ったのをつい忘れて、別の会合に参加していたことをＳＮＳにアップしたら、見られてしまっていたみたい……

気が進まない誘いがあったけれど、角が立たないよう「ごめんなさい。最近仕事が忙しくて……」と断り、相手からは「わかりました。お仕事がんばってくださいね」と返信をもらいました。

しかし、うっかりそれを忘れてしまい、別の楽しそうな誘いに二つ返事で乗り、楽しかった様子をＳＮＳにアップ。それを見た相手から〝びっくり顔〟のリアクションスタンプが押されていた……。

あなたなら、どうしますか？

NG

「どうしてもと
頼まれてしまって……」
と、嘘をつく

OK

ごまかすような
言い方はせず
「この日は予定があるので
ごめんなさい」と伝える

Recovery

慌てて謝るより、
少し時間を置いて、自分から誘ってみる

人にはそれぞれいろいろな事情や都合もありますし、違う人間同士、合う人も合わない人もいるものでしょう。

時間も体力も限りがある中、すべての人に良い顔をする必要もなければ、無理して合わせる必要もないのは確かです。

だから、気が進まないことや、気分が乗らない誘いを断るのは、決して悪いことではありません。むしろ、相手にしてみても、無理に来てもらっても嬉しくはないでしょうし、つくり笑いをしてほしくて誘っているのではないはずです。

ただし、断るも断らないも自由とは言っても、誘う方はあなたに来てほしくて誘っているのです。

仮に断るにしても、その気持ちをないがしろにするような振る舞いはできるだけ避けるようにしたいものです。

「そんなつもりはなくて……」の伝え方

その相手本人のことが苦手でお断りをしたのであれば、余計なフォローはかえって関係性を複雑にしてしまいかねません。多少の気まずさはあったとしても、少し距離を置くきっかけと考えて、そっとしておくという選択肢もあります。

そうではなく、ただなんとなく気が乗らない、などの別の理由で誘いを断ったのだとしたら、相手を傷つけてしまうのも本意ではないでしょうし、気まずいですよね。相手のことを避けているわけではないということをきちんと伝えないと、そのせいで相手から距離を置かれてしまうかもしれません。

しかし、ここで自分を守るために、過度な「自己保身」に走ってしまうと、あまり良い結果につながらないので気をつけたいところです。

「自己保身」とは「自分の立場や地位、利益や安全性を守る」ということです。「〇〇のせいで……」と他人や他のなにかのせいにしたり、「そんなつもりはまったくなくて……」と必死に自己肯定しようとしたりすること。つまり、言い訳がましく逃げ腰な姿勢、ということですね。

自己保身の特徴

- 他責（「○○が悪い」「○○のせいで」など別のなにかのせいにする）
- 言い訳の連発（「自分は悪くない」ということをあの手この手で説明しようとする）
- 意見のすり替え（都合の悪い本心を、さも別の考えであったかのようにすり替える）

誰だって自分がかわいいものですし、自分を守りたくなる気持ちはわかります。けれども、このような考え方や行動が過度に強くなると、自己保身が強くなりすぎて、まったくフォローにはなりません。

この中でも実は多いのが、意見のすり替えです。本当は「嫌だ」と思っていたのが事実なのに、「決して嫌だと思ったわけではない」といったようにすり替えてしまうということです。これは、「嫌だ」と思っていたことを知られたくないがための〝保身〟と考えられます。

私には、とても信頼していて大好きなSさんという仲間がいます。Sさんと一緒にいて気持ちが良いのは、彼女がいつも本音で話してくれているのが伝わってくるからです。「嫌なものは嫌」「好きなものは好き」「苦手なものは苦手」と、かなりはっきり言ってくれます。言葉と態度にチグハグなところがないので、とても安心できるのです。

そんなSさんですから、仮に誘いを断る時も理由を隠さずしっかり伝えてくれます。予定が入っているなら「その日は先約があるのでNGです」、気が乗らないなら「人の多い場はあまり得意でないので遠慮します」と、はっきり伝えてくれるのです。もちろん、相手や状況に合わせてやんわりと伝えることもあるそうですが、そういう場合もその場しのぎにせず、なにを伝えたのかをしっかり覚えておき、ＳＮＳの投稿などにおいても、タイミングや内容で相手が不快にならないようにする配慮を忘れません。

ポイントは、そもそも嘘をついたり変に誤魔化したりするようなことをせず、後でフォローが必要になるような状況にさせていないということです。

断る時こそ、なんとなくうやむやに濁すようなことをしないで、断った後のことも考えながら、自分の行動にしっかり責任を持てるようにすることがとても大切ですよね。

自分から誘ってみる

誘いを断ったのに、別の会合に参加していたことを、うっかり……なんて状況になってしまったら、焦って言い訳を考えるのはやめましょう。言い訳は嘘に嘘を重ねることにもなりかねませんし、状況をさらに複雑にしてしまいます。

誘いを断った理由がその相手への苦手意識にあったわけではなく、その相手と今後も仲良くしたい気持ちがあるなら、時間を置いてからこちらから誘いの言葉をかけてみてはどうでしょうか。

「気まずくなってしまったのに誘うなんて、図々しくないかな……」なんて思うかもしれませんが、そう思うかどうかは相手にしかわかりません。図々しいと腹を立てることもあるかもしれませんが、相手も少なからず傷ついていて、あなたに接するのが怖くなってしまっているという可能性だってありますよね。

誘いの言葉をかけてみて、あきらかに嫌がっている様子であれば、無理強いは逆効果です。「一度会って話したい」という気持ちがあることを伝えるだけに留め、時を改めてまた声をかけてみる方が良いかもしれません。

嫌がっているわけではなさそうだけれど、嫌味な雰囲気であったり、怒りを含んでいるように感じる言い方などであった場合は、「あの時はせっかく誘ってくれたのにごめんなさい」と、しっかり謝ったうえで、なぜそうしたのかをきちんと伝えることも大切です。

なんとなくそういう気分じゃなかった、場所が遠かった、苦手なメンバーがいた、知らない人ばかりの場に行く元気がなかった、などなど、きっと気が進まなかった理由があるはずです。それを「実のところ」と、濁さずに伝えることで、行動の原因がわかり、相手もホッとできるかもしれません。

行動と結果だけを見て「どういうつもり？」と思ったり思わせたりすることが、人間関係の大きな阻害になっているものです。つまり、行動の理由がわかればそれだけで解決に向かうこともあるということなのです。

point

モヤモヤ気にするより自分から声をかけて誘ってみる

こんなときどうする？

What would you do in this case?

友人と

「明日の待ち合わせだけど……」とメッセージが来て、初めて約束していたことを思い出した。すっかり忘れてしまっていて別の予定を入れてしまった……

スケジュールに入れ忘れていたせいで、相手から待ち合わせについての連絡が来て初めて約束していたことに気づいたものの、すでに別の大事な用事を入れてしまっていて行くことが不可能……。

あなたなら、どうしますか？

NG

とにかく
ひたすら謝り続ける

OK

どんなに小さな約束でも、
「守る」ことを最優先に、
その場で記録（手帳・スケジュール表・リマインド用アプリなど）することを
癖づけする

Recovery

「① この間はごめんなさい、② ○月○日は空いてる？
③ ○○ってお店に行かない？」
といった複数の提案をする

人と約束をしたら、あなたはどうしていますか？

すぐにその場で手帳に書き込む、スマホのスケジュールに登録するという人はトラブルになることは少ないでしょう。

「覚えておくから大丈夫」「後で書き込んでおこう」という人は要注意。直前もしくは当日になって大慌てという事態になり、場合によっては関係性が一気に悪化してしまったという話もあります。


約束は、お互いに「守る」ことを前提に交わされるものです。それをおざなりに扱うのは、相手を軽視している表れとして受け取られてしまいます。

約束したなら責任を持って約束通りの行動をする。それが難しいなら最初からできない約束はしないという意識を持つことが、人間関係を円滑に保つための大切なポイントです。


とはいえ、たとえば何気ない立ち話の流れでした約束や、お酒が入ってほろ酔い気分の時にした約束など、うっかりその約束の存在自体を忘れてしまう、なんてことも少なくないものです。自分としては確定した約束のつもりではなかったけれど、相手の頭の中では確定案件となっていた、なんてケースもありますよね。

自分に非があることがあきらかであるほど、「謝るしかできない」とおっしゃる方が多いものです。確かに起きてしまったことは事実ですし、謝ること以外に思いつかない、という気持ちもわかります。

もちろん、自分の過ちをきちんと認めて謝ることは、誠意を見せるという意味でも大事です。

しかし、ただひたすら謝られ続けても、相手にとってあまり気持ちの良いものではないかもしれません。

謝罪が繰り返されるほど、「謝られている」というより「謝らせている」という印象の方が強くなり、「もういいから」としか言いようがなくなってしまうからです。その場合、相手は「もういい」と言いつつも、不快感は消えないため、しこりは残り続けてしまいます。

「好意」を伝える

傷つけてしまった相手の心をしっかりフォローするためには、謝るだけでは不十分です。フォローのためにでき得る行動をしっかり伝えましょう。それも1つだけではなく、できれば2つ以上。

というのも、1つだけでは「お詫び」としての気持ちしか伝わらないからです。本気で申し訳ないと思っているにもかかわらず、その提案はその場しのぎの言い方に聞こえてしまい、さらに相手を複雑な気持ちにさせてしまうこともあります。

ですから、揺らいでしまった関係性をリカバリーするためにも、2つ以上の代替案を考えてみましょう。

たとえば、約束した日を忘れてしまったのであれば、「本当にごめんなさい。来週空いている日はある？」と言うだけではなく、続けて「もしよければ前に行きたいと言っていたあの店に行かない？　もし一緒に行けるなら予約できるか聞いてみる」と提案します。

これはつまり、「お詫び」だけではなく「好意」を伝えるということです。相手は、「約束を守られなかった＝自分のことなどどうでも良いと思われている」と感じて傷ついているとも考えられます。

その場合、「どうでも良いわけじゃないよ」と必死に言葉で説明しても、すでに約束を破るという行動をしてしまっているので、説得力に欠けます。だから、その人のためにできる行動を考えるのです。

「なにをすれば……」と悩むかもしれませんが、行動の内容は実はなんでも良いのです。相手にしてみれば「なにをするか」よりも、その「なにをするかを一生懸命考えた」という行為の方が重要であったりもします。

１つならすぐに浮かぶかもしれませんが、２つ３つとなるとしっかり考えないと浮かばないですよね。だからこそ、２つ以上の提案をすることによって、相手を思うその意識が伝わることがリカバリーになるということです。

point

素直に心から謝り、
代替案としての行動を２つ以上提案する

こんなときどうする？
What would you do in this case?

友人と

何度注意しても直らないので イライラして、つい「最低だよね！」と キツい言葉で責めてしまった……

約束したのにいつも遅刻してくる友人がいたとしましょう。毎回連絡もせずに遅刻してくるので、そのたびに注意してきました。ある日、また同じように遅刻してきたことにとても腹が立ち、つい「なんでいつもそうなの？　最低だよね！」と冷たく突き放してしまいました。「本当にごめん……」と泣きそうになっている友人を見て、さすがに言い方がキツすぎたかなと思ったけれど、腹が立ったのも事実だし複雑。

あなたなら、どうしますか？

NG

「だいたいあなたは
いつもそう」とさらに
たたみかける

OK

相手にも事情が
あることも考慮しつつ、
「時間を守ってほしい」こと
を冷静に伝える

Recovery

「キツい言い方をしてしまったけれど、
私は、自分との約束を軽んじられたようで悲しい」
と自分の気持ちを伝える

初対面の人に対しては、相手のことをまだよく知らないため、不安もあれば警戒心もあるので慎重になるものです。その点、家族や友人には安心感があり、初対面の人と接する時の態度とはやはり違うことが多いですよね。

ただし、友人と一口に言っても、心の距離感は相手によっても異なります。

友人になったばかりの頃はお互いにかなり気をつかい合って、言葉も態度も選んでいるものです。そこから、同じ時間をすごすことが増え、長い時間を経てくると、だんだんと気を許して、素直に言いたいことを言い合えるように変わってきます。

それが〝親しさ〟というものでもありますし、気を許せること自体は喜ばしいことです。けれども、どんなに仲良くなってもその人は1人の友人、自分とは異なる人間であることには変わりありません。仲が良い＝なにを言っても良い、ということではないですよね。

気を許しているからと、感情のままに行動すると、思っていた以上にキツい言い方や態度になりやすいものです。さらに、もしそれで相手がムッとした顔をしたり、泣かれてしまったりすると、今度は罪悪感や「悪いのはそっちなのに」という苛立ちが生まれてきたりして、さらに感情をかき立てられてしまうこともあります。

「言葉は時に凶器になる」と言われますが、まさにそんなことが、日常的に起こっています。

私が以前働いていた職場で、頼まれた書類の作成を徹夜でなんとか仕上げて持っていったら、親しくしていた上司に「こんなんじゃだめだな。お前使えねぇなぁ」と言われたことがありました。今ほどコンプライアンスやハラスメントといったことが厳しく言われていなかった時代でもありますし、上司もちょっとした軽口のつもりで言ったのでしょう。

とはいえ、上司がどんなつもりだったかに関係なく、私はひどく傷つき落ち込みました。「使えねぇなぁ」という言葉だけが頭の中で何度も繰り返されて、自信を失い、立ち直るまでには相当の時間がかかったのを思い出します。

言葉というのは多くの場合、言った本人より言われた方がずっと覚えていたりします。

そして、それは言った方にしてみれば「そんなことで?」とか「そのくらいで?」なんて思うような言葉であることが多いのです。

ですから、気分のままに「最低だよね！」なんてキツい言葉を投げてしまったらなおさら、予想以上に深く相手を傷つけている可能性があります。それに、言った方の後味も悪いですから「言いすぎたかな……」といういたたまれない気持ちだけが残るかもしれません。

気持ちは「アイメッセージ」で伝える

このような時に取るべき行動は、〝自分の気持ちを言葉にしてあきらかにする〟ことです。

つまり、ムカムカ、イライラ、ガッカリした時に、その〝不快感〟を相手の行動を責めることで発散させようとすると、「あなたのせいで」「あなたがそうだから」という言い方や、強い口調になりやすくなります。

そうではなく、ムカムカ、イライラ、ガッカリしたその〝気持ち〟自体を、きちんと相手に伝えるようにすると、「そういうことをされると嫌な気持ちになる」「それは軽んじられているようで悲しい」という表現になります。

これは、コミュニケーション理論や心理学で「アイメッセージ」（自分を主語にして伝える）と言われているものです。「私は〜と思っている」という伝え方は、フォローやリカバリーにおいてもとても大切なメッセージになりますよね。

「アイメッセージ」を相手に伝えるためには、自分がどういう気持ちなのかをまずは自分できちんと理解している必要があります。もしすぐにそれがわからなかったら、いったん「なんでかな」という言葉をそっと自分に投げかけてみてください。

少し冷静になって「私は今かなりイライラしているな、なんでかな」と考えてみるのです。今回の遅刻の例なら、〝私は〟「約束を破っても良い相手だと思われているみたいで嫌だ」とか〝私は〟「連絡もないと心配になる」とか「時間通りに来るために走ってきた自分のことも少しは考えてほしい」とか、いろんな気持ちが見えてくるのではないでしょうか。

その気持ちをきちんと伝えるのです。キツい言葉だけではイライラの部分しか伝わりませんが、気持ちをきちんと言葉にして伝えることで、本当に伝えたかった部分がわかってもらえる可能性が高まります。

もちろん、投げつけてしまった言葉はそのまま相手の心にグサッと刺さってしまっているかもしれませんから、「言いすぎて申し訳なかったです」という言葉も添えて、ちゃんと抜いてあげることも忘れないようにしましょう。

point

「私は〇〇と思った」の〝アイメッセージ〟をつけ加える

こんなときどうする？

What would you do in this case?

オフィスにて

予想外の場所で会うと、つい動揺して失礼な振る舞いをしたり他人行儀になったりしてしまう……

休日にショッピングセンターに出かけたら、職場の人にばったり会いました。相手は「あ！　○○さん！」と嬉しそうに声をかけてくれたのですが、こちらはメイクもあまりしていないし、適当な服を着てきてしまったし、見られたくない気持ちもあって、下を向いて「あ、どうも」とだけ言って立ち去ってしまいました。なんだか「感じ悪い」と思わせてしまった気がする……。

あなたなら、どうしますか？

そのまま、
とにかく急いで
その場を離れる

きちんと笑顔で挨拶をし
「また今度ゆっくり」と
伝える

「あの時、気づいた……？」で
相手に見えていなかったであろうところをフォロー

なにかしらの刺激を受けた時の反応というのは人によってさまざまですが、無意識に出るとっさの言動は「脊髄反射《せきずいはんしゃ》」と言われています。

コミュニケーションの方法をいくら知っていたとしても、無意識レベルですぐにそれをうまく使いこなせる人はなかなかいないものです。もちろん、無意識にできるくらいまで繰り返しトレーニングすれば可能かもしれませんが、時間もかかりますし、簡単なことではありません。

つまり、急な出来事には、うまく対処できない方があたりまえであり、そこでとっさにうまく対応できなかったとしても、必要以上に落ち込む必要もないということです。そこからどうやったらうまくできるかを練習していけば良いのですから。

とはいえ、意図していたわけでもないのに、つい出てしまった行動や言動で、相手との関係性にヒビを入れるのはできるだけ避けたいですよね。

無意識にしてしまったことの最初のフォローには、意識的な行動を加えるのがおすすめです。もちろんどんな行動でも良いわけではなく、たとえば気まずい空気をつくってしまったからといって、その場を逃げるように去るというようなことをしてしまうと、より印象の悪化につながります。

ですから、とっさに真顔で「あ、どうも……」と言ってしまったとしても、逃げ去る前に、表情やしぐさなどできちんとメッセージを送ることは忘れないようにしておきたいところです。たとえば、軽く手を挙げるだけでも印象は良くなります。

たった一言「また今度ゆっくり」という言葉だけでも言えたらより良いですね。その一言が、目の前のその人が嫌なのではなく、今は都合が良くないのだということを伝えることになるからです。

後からでも使える〝確認〟

そんな余裕もなく逃げてきてしまった……という場合には、次に会った時に「あの日の私、○○だったのに気づいてた……?」と、こちらからそっと聞いてみてはいかがでしょうか。

「すっぴんだったの、気づいた……?」「部屋着のままだったの、気づいた……?」といったように、確認というスタイルをとりながら、その日の事情を伝えることができます。こういった伝え方をすれば、「ああ、そういうことだったのね、全然気づかなかったのに」と笑い話になることもあります。

以前、街中で仲間を見つけて、嬉しくて駆け寄ったのですが、なんだかよそよそしく迷惑そうにされた気がして、少々寂しく思ったことがありました。「私、なにかしたかな……」と心に引っかかっていたのですが、後日会った際に「あの時、隣に年配の男性がいたの気づいた……? お客様なんだけど、あの日ちょっとトラブルがあってお叱りを受けたところだったもので、声をかけてくれたのにちゃんと話もできなくてごめんね」と教えてくれました。

正直、私はその男性の存在に気づいてすらいなかったので、仲間の態度しか見えておらず、そういうことだったのかと、タイミング悪く声をかけてしまって悪かったなぁと思いました。

「気づいてた……?」というのは、相手に誤解させるようなことをしてしまったかなと思った時などに、後からフォローをする場合においておすすめの言い方です。相手にいつもあなたのすべてが見えているわけではありません。状況がわかると、「そういうことだったの」となることは少なくないものです。

笑顔は最高の化粧

アメリカの女優マリリン・モンローの言葉に、「笑顔は最高の化粧」というものがあります。どんなに一生懸命に顔を整えていても、無表情だとしたら、その顔を〝キレイ〟だとは思っても、〝感じが良い〟とは感じにくいのではないでしょうか。むしろ、キレイなだけに近寄りがたく、話しかけにくいと思うこともあるかもしれません。

笑顔はどんなスキンケアやメイク法にもかなわないくらいの、人を魅力的に見せる力があります。とっさに良い言葉や態度が出なくても、そこに笑顔があれば、多くのシチュエーションにおいてそれだけでフォローなど必要なくなることもあります。

だからこそ、普段から笑顔でいることを心がけて、反射的に笑顔が出せるレベルにまでしておきたいものです。特別なことなどしなくても、ニコッと会釈するだけで、相手はあなたの良さを受け取ります。それが誤解を減らし、コミュニケーションにおける「しまった」の数も減らしてくれるはずですよ。

point

「あの時、気づいてた……？」で状況をフォロー

第3章

「コミュニケーション下手な人」が勘違いしていること

「完璧なコミュニケーションの方法」はありません。では、「完璧に見える人」と「人づきあいが苦手だと感じる人」の違いは、どこにあるのでしょうか?

How to recover

セオリーやテクニックを使いこなせなくても良い

書店に行けば、「コミュニケーション」にまつわる本や雑誌がずらりと並んでおり、インターネットの記事や動画などでもたくさんの情報を得ることができます。確かにそれらはとても有益で、知っておいて損はないし、実践すれば成果を得られるものばかりです。

私自身も、「コミュニケーション」をテーマに日々講演や研修を行なっておりますし、本を出したり、雑誌の記事を書かせてもらったり、個別相談などもしています。コミュニケーションの悩みを減らすことで、人づきあいをもっと楽しいものにしていく、そのためのお手伝いがしたいという思いを胸に、さまざまな情報発信を続けています。

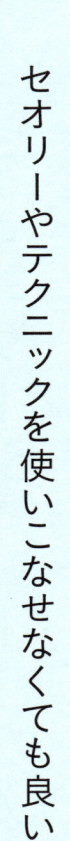

けれども、当然ながら誰にとっても、〝知っている〟と、〝やっている〟や〝できる〟は別の次元であることが多いです。知ってはいてもやらない、もしくはできない、なんてことはたくさんあるものです。いくら頭でわかっているからといって、それがすぐに、すべて行動に反映されるとは限りませんよね。

実際に、講演や研修の後の懇親会などでよく聞く言葉に、次のようなものがあります。

「やったら良いのはわかっているのだけど、いざ実行しようと思うと、思うほどうまくはいかないものだよね」

「いやー、わかっちゃいるんだけど、いざその時になるとつい忘れちゃっていて……」

行動心理学の「インキュベートの法則」によれば、人が行動を習慣化するには3週間かかると言われており、人には誰しも得意なこともあれば苦手なこともあります。

たとえば車の運転だって、最初は皆、教習所でほぼ同じことを同じように教えてもらっているはずなのに、全員が同じようにうまくなるわけではないですよね。同乗者が安心して寝入ってしまうようなスムーズな運転をする人もいれば、助手席の人が必死の形相でアシストグリップにしがみついているような運転をする人だっています。どんなセオリーやテクニックも、誰しもが同じように、簡単に使いこなせるわけではないということです。

届けたいのは技術ではなく心

これまでに多くの人のコミュニケーションの悩みや失敗を聞いてきて、人づきあいに苦手意識を持ち、問題を抱えている方の多くが、セオリーやテクニックだけに頼りすぎているように感じています。理論や技術は万能なわけではありません。人によって響くものが違うため、1つのテクニックが誰に対しても常に同じ効果を生み出すという保証はないからです。

「コミュニケーション力」とは、〝コミュニケーションスキルを使いこなす〟ことではなく、〝相手に合わせて適切な働きかけやフォローをする〟ことだと、私は考えています。

たとえば「笑顔でハキハキと話す」ことは確かに気持ちの良い話し方ではありますが、それができなければコミュニケーション力がないということではないですよね。

はっきり話すのが苦手なら、できるだけ静かな場所を選ぶようにするとか、自分が話すよりも相手の話を聞くようにするといったことを心がけることで、かえって喜ばれて良い関係ができるかもしれません。

もし、この本を読んでくださっているあなたが、コミュニケーションのテクニックをうまく使いこなせないと悩んでいるとしたら、どうか心配しないでください。コミュニケーションの目的は、技術や知識の発表会を行なうことではなく、心のふれあいの場をつくることなのですから。巷に溢れるセオリーやテクニックを参考にしながら、自分なりのやりやすい形や、方法を見つけていきましょう！

How to recover

苦手な人がいても良い

食べ物の好き嫌いについては、あれこれ言ったり言われたりすることは少ないのに、人の好き嫌いについては「そんなこと思うのは良くない」とか「悪く言うのは失礼だ」と考えたり言われたりすることって、ありますよね。

心理学に「好意の返報性」というものがあります。相手からの好意や親切を受け取ると、同じように好意や親切を返したくなる心理で、「相手に好きになってほしかったら、まずこちらから好きになろう」ということですね。

これには逆の作用もあります。つまり、「悪意の返報性」です。相手からの嫌悪や憎悪を受け取ると、同じように嫌悪や憎悪を返したくなる。「やられたらやり返す」ということですね。

好意でも悪意でも、同じものが相手からも返ってくるとすると、やはり好意を持っていた方が良いというのは確かかもしれません。

けれども、他人は全員が自分と違う人間なわけですから、似ている人もいれば真反対の人もいますし、合う人もいれば合わない人もいるはずです。好ましく思う相手もいるでしょうし、苦手な相手もいるでしょう。

どんな人にも、その人に対して好意的な人が2割、どちらでもない人が6割、好意的ではない人が2割いると言われています。これはその数字を取って「262の法則」と呼ばれています。有名人でも、とても人気があってその人に憧れている人がたくさんいる一方、アンチと呼ばれるその人を好ましく思わない人も少なからずいるものですよね。

これが1つのバランスの形であり、仮にネガティブな2割の存在を排除しようと思ったとしても、真ん中の6割の中から新たな2割が生まれてくるとも言われています。

自分の周りの人間関係も同じです。とても大切で好ましく思う相手が2割、特に特別な感情を抱いているわけではない相手が6割、ちょっと苦手な相手が2割くらいいるのが自然なバランスかもしれません。苦手な2割がいるからこそ、好ましい2割に対する好ましさがよりくっきり感じられて大切にできる、と考えることもできますよね。

苦手のままでも、嫌いにはしない

ですから、苦手と感じること自体が悪いわけではありません。むしろ感情を持つ人間らしいとも言えます。

苦手は苦手であっても良い、無理になくす必要はないのです。でも、少しでも良い状態を目指してコミュニケーションのリカバリーをしていこうと考えているならば、「嫌い」

にはならないことをおすすめします。というのも、「苦手」と「嫌い」は似ているようで異なるからです。

- 苦手＝得意ではないこと、扱いにくいこと
- 嫌い＝好みではないこと、イヤだと思うこと

苦手は「能力的なイヤ」、嫌いは「感情的なイヤ」とも言うことができます。基本的に「イヤなものはイヤ」であるというのは同じですが、能力的なものは他の方法でフォローできますが、感情的なものをコントロールするのは大変難しいものです。

たとえば「辛いものが苦手」な場合は、辛さを調節すれば食べられないことはないかもしれませんが、「辛いものが嫌い」だったら、調節しようがなにをしようが、嫌いなので

すから食べたくなんかないですよね。

同じように、「あの人が苦手」なのか「あの人が嫌い」なのかで、考え方も行動も変わってくるものです。

「苦手」ならば、その苦手な部分に対する接し方を調節することで、人間関係を少しでも心地良い状態に持っていける可能性はありますが、「嫌い」になってしまうと、嫌いなものに対してなにかをするということ自体が不快となって、できることがなくなっていってしまいます。当然、リカバリーすること自体が苦痛になってしまうでしょう。

「嫌い」と考えることは、選択肢も可能性も狭めてしまうことがあるのです。「苦手」になっても良いから「嫌い」にならないようにするだけで、視野も、できることも広がっていきます。

もし「あの人のああいうところが嫌い」と感じたとしても、「あの人のああいうところは苦手だな」と言い換えてみましょう。「あんな言い方をする人は嫌い」となったら、会話をしない方法を考えようとするかもしれませんが、「あんな言い方をする人は苦手」と考えたら、会話の方法を考えることに意識が向いていきますよね。

好きになんてならなくて良いけれど、嫌いにはならない。

これが、「悪意の返報性」に対する防御策にもなりますし、無理に自分を押さえ込まずに、苦手は苦手のままでより良いつきあい方を見つけていくことにつながっていくはずです。

How to recover

合わないことはやめても良い

「良いコミュニケーション」とは、まず相手を尊重し、相手に合わせることだと思い込んでいませんか?

確かに相手を大事にしようとする気持ちは大切です。相手がなにを考え、なにを望み、なにを求めているのか、それを想像しながら向き合うことを〝寄り添う〟と言います。

けれども、それはあくまでも相手を「理解」するための材料です。コミュニケーションの主人公は常にあなた自身であり、中心にいるべきは相手ではなくあなたの方です。それを忘れてしまうと、常に相手を中心に置くことになってしまいます。

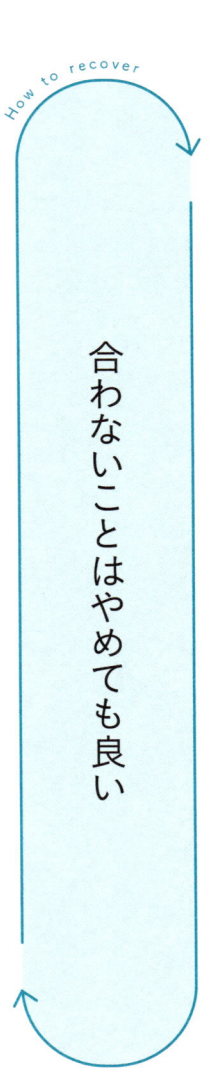

本当はしたいわけじゃないのに、相手に合わせて、相手が喜ぶことを言い、相手が心地良いであろうことをして、相手が笑顔でいられるように努める……。相手にとってはもちろんありがたいでしょうし、嬉しいでしょう。そういう意味では相手の役に立ってはいるのかもしれません。

でも、自分自身はそれを楽しめていると言えるでしょうか。喜びや幸せを感じて、相手とのコミュニケーションを、もっと言えば関係自体を、心地良いと思えているでしょうか。

コミュニケーションのテクニックやスキルには、理論で裏づけされた確かなものや、効果が立証されているようなものもたくさんあります。それを使うことで確かに効果が得られるものもあるでしょう。でも、だからといって、そのすべてが〝自分に合っている〟とは限りません。

以前、講演先の会社で、担当の方がこんなことをおっしゃっていました。

「研修で、相手の心を開いてもらうためには褒めることが大事だと言われたので、相手の良いところを探してできる限り褒めるようにしてみました。確かに相手には喜ばれる一方、自分の中ではどうしても〝なに調子の良いことを言っているんだ〟という感覚が拭えずに居心地が悪く、成績が上がっても、なんだかそんな自分のことが嫌いになっていっているような気がしてなりません」

褒めることの効果は、確かにさまざまな研究から立証されています、褒めることが、相手の「承認欲求（認められたいと思う気持ち）」や「自己肯定感（自分はこれで良いのだと思える気持ち）」などを満たし、居心地の良さを生み出すことで、関係構築にもプラスに働くと言われています。

そこに間違いはないのですが、それを頑張ってやろうとしている自分に違和感を感じ、居心地の悪さを生み出しているとしたら、その方法が必ずしも自分にとって良いとは言い切れないですよね。

やり方は自分で決めて良い

どんなに理屈や根拠が明確でも、それが自分の中でしっくりこなかったら、それをやること自体が苦痛になってしまうかもしれません。

コミュニケーションの方法も、リカバリーの方法も、選択肢は1つではありません。積極的に褒めることができなくても、否定しない姿勢を貫くことで、〝認める〟という大枠のスタンスでは同じことを実現できます。

すぐにその場で素直に「ごめんね」が言えなくても、時間を置いてでも相手が困っている時にさっと手を差し伸べることができたら、相手への愛情を伝えることはできます。

誰がなんと言っていようが、なにをどうやるかは皆さんが決めて良いのです。その方が長く続けることができますし、最終的に良い結果につながっていくのではないでしょうか。

やってみて、「違う」と思ったものはやめて、「気持ち良くできる」ものを残していって、残ったものを組み合わせて新たなバリエーションを持つ。といったように、自分なりに選択肢を増やしていくと、コミュニケーションに無理が減り、もっと〝自分らしく〟楽しいものになっていくはずです。

How to recover

〝あの人〟みたいになれなくても良い

あなたには「憧れの人」はいますか？　「あんなふうになりたい」「ああいう生き方がしたい」。そう感じるような人と言われたら、誰の顔が浮かびますか？

心理学に「社会的学習理論」というものがあります。カナダの心理学者アルバート・バンデューラによって提唱された理論で、「モデリング理論」とも言われます。

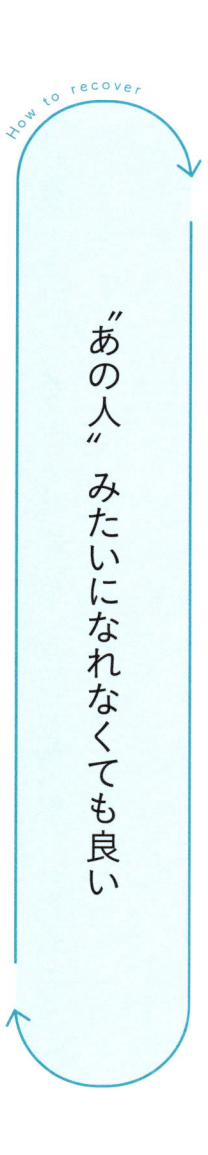

これは、自分が直接体験していなくても、他者の体験を観察したりマネしたりすることで学習できるということを説いたものです。

たとえば、攻撃的な大人が出てくる映像を見た子どもは、見なかった子どもよりも攻撃的な行動を多く取るようになるということが実験によってあきらかにされています。これはもちろん子どもに限ったことではなく、憧れの野球選手のフォームをマネすることで野球の技術が上達したり、話し方がうまい人のマネをすることで話すスキルが高まったりすることがあります。ファッションセンスなども、雑誌の写真やモデルの着こなしなどをマネすることで磨かれていくこともありますよね。

「まずはよく見て同じようにやってみて」

思い返せばスポーツ・ダンス・楽器の演奏から、接客・接遇・営業まで、その時々で内容は違いますが、よくこう言われてきました。古語では「学ぶ」を「まねぶ」と読み、学習とは真似るところから始まるとされています。確かに、頭であれこれ記憶して学ぶより、マネすることで体感的に学んだ方が、早く具体的な行動として身についていきますよね。

「明るく元気に〝ゾ〟の音で、口をきちんと開きながら挨拶しましょう」と文字で説明されるより、それを体現している人を見てもらって「あの人みたいにやってみて」と言われた方が、すぐに理解できて実行もしやすいものです。

とはいえ、やはりここでも誤解しない方が良いのは、どんなに良いもの・良いことであったとしても、それが「絶対的な正解」ではないということです。モデルとして参考にしたその人にとっては、それが一番合っているのかもしれませんが、だからといってあなたにも同じようにフィットするとは限りません。

以前、結婚式の司会の仕事をしていた頃のことです。本番を担当するようになるまでに、さまざまなトレーニングを通して、話し方や振る舞い方はもちろん、責任感やプロ意識というものもしっかりと学んでいました。

ある時、先輩の司会者の方が本当に素敵で、「この人みたいにできるようになりたい！」と強く思ったことがありました。声のトーン、話し方、振る舞い、雰囲気、すべてがとにかく上品で、私の中の憧れの司会者像そのままの方でした。

そこで、まずはその人をマネしてやってみることにしたのですが、どういうわけか叱られっぱなし。「なんか変」「ちょっと違う」「なんでそんな言い方になるの?」など、ダメ出しの連続でした。もちろん私の未熟さが一番の原因ではあるのですが、「なんかちょっと聞いていて気持ち悪いんだよね」と言われた時に、ハタと気づきました。

確かに私、なんだかすごく不自然。

先輩の声は落ち着いた低めのトーンだったのですが、私は元々が少し高め。先輩はゆっくり丁寧に話す話し方ですが、私はどちらかというと速めでポンポン話す方。そこを、先輩に近づこうと、無理に声を下げて、意識してゆっくりやろうとしたことで、かえってぎこちなく聞きづらくなってしまっていました。

「先輩のようになりたい」ということをトレーナーに伝えたら、「あなたはそういうキャラじゃないから、無理してやるのは逆効果」と指摘されて、ようやく理解しました。人にはみんな違う〝キャラクター〟があって、それに大きく反することを無理にやろうとすると、かえって失敗しやすくなるのですよね。

「〝あの人〟みたいになれない＝ダメな自分」ではない

自分ができないことをできている人を見ると、うらやましいですし、その人みたいになれたら、とつい考えてしまうものです。でも、だからといって、どこをどうしたって、私たちは私たち以外の誰かになることができるわけではありません。

そうなると、「やっぱり私はダメだ……」なんて落ち込んでしまうこともあるかもしれませんが、落ち込む前にこの言葉を思い出してみてはいかがでしょうか。

「キャラじゃない」

憧れの人が正しくて良いわけでも、あなたが間違っていてダメなわけでもない。ただ、キャラクターが違うのです。同じように仕立てられた服でも、ある人にはとても良く似合う一方、別の人にはまったく似合わない、なんてことはよくありますよね。

「こうなりたければこうしよう」といった類の情報は巷に溢れています。それは、マネすることから学ぶという意味では確かに有効かもしれませんが、万人のキャラクターに合うとは言い切れません。

憧れの人の良いところをマネしてみることは上達の近道ではありますが、その目的はあくまでもあなた自身を磨くことであることは忘れないでください。つまり、「その人のようになる」のではなく、「その人の良さを取り入れた自分になる」ということです。

だから、〝あの人〟みたいになれなくても良いのです。その人をなぞるというより、その人の良いと思う部分を自分なりにやるにはどうしたら良いのかを考えることで、いろんなことがもっと気持ち良く自分のものになっていくのではないでしょうか。

そのためには、〝あの人〟の良いと思うところを細かく分析してみましょう。たとえば、「優しさ」が素敵だと思うなら、具体的にどういうところに優しさを感じるのかをもう少し観察してみます。

- 周囲に「なにかできることはある？」とよく話しかけている
- 人のためにスッと扉を開けて「どうぞ」と声をかけている
- 嬉しかったことを話すと、「良かったね！」と一緒に喜んでくれる

こういう要素が見えてきたら、それを自分なりにできる範囲で取り入れてみます。一例としては、

- いろんな人に声をかけるのは苦手だから、近しい1人に「なにか手伝えることはある？」と声をかけてみる
- 「どうぞ」というのは気恥ずかしいけれど、扉の開閉だけでもできる時は進んでするようにする
- 誰かが嬉しそうに話している時は、できるだけ笑顔で聞くようにする

といったようなことが考えられます。

他の誰かにはなろうとしてもなれませんが、自分をバージョンアップしていくことはいくらでもできます。できることをできるようにやりながら、少しずつ憧れの自分に近づいていきましょう。

How to recover

明るくハキハキ話せなくても良い

あなたは、「コミュニケーション力が高い人」というと、どんな話し方をイメージしますか？

研修などでこれを聞いてみると、「元気が良い」「明るい」「ハキハキしている」「言葉がポンポン出てくる」そんな印象を持っている方が多いようです。

確かに、元気がなく、暗くボソボソと、言葉がなかなか出てこない人よりは、聞いていて気持ちは良いかもしれません。

だからといって、元気いっぱいで明るければ良い、というわけでもないですよね。テレビやインターネットチャンネルなどで、はじけるような笑顔、明るい大きな声で画面中を飛び回っているようなタレントを見て、もちろん「楽しい」「元気をもらえる」と好感を抱く方もいます。

でも、その一方で、「うるさい」「元気すぎてしんどい」「見ていて（聞いていて）疲れる」という印象を抱く方も少なからずいるものです。

以前、同じ話し方のスクールで学んでいた仲間で、なかなか思うような声や話し方が実践できずに悩んでいる人がいました。彼女の声はとても細く、やわらかく儚《はかな》げな印象。小さな鈴がコロコロと鳴っているようなかわいらしさもあるのですが、その分パワーが少なく、エネルギッシュさとは対極にある弱々しい印象でもありました。

ある日、原稿を使ったトレーニングをしていた時、私も彼女もこっぴどく叱られてしまったことがありました。2人で「明るくハキハキはっきりと」をしっかり確認してからの発表だったので、それなりに自信もあった分、とても驚きました。

ただ私も、どこかでしっくりこないと思っていたのも確かです。普通の会話のはずなのに、我ながらなんだか台本を読み上げているような感じになっているのです。

たとえて言うなら、「ありがとう」という言葉が、満面の笑顔と全開のパワーで、「あっりがとぅっっ！」となっている感じ。元気が良いのは良いことですが、無理な元気はむしろ違和感を生み出してしまうこともあるのです。

表情が暗いよりは明るい方が印象は良い、声が小さいよりは大きい方が聞こえやすい、滑舌が悪いよりは良い方が聞き取りやすい、それらはもちろん確かです。でも、もし足りない要素があったとしても、それを無理やり良く見せようとしたところで、文字通り〝とってつけた〟ものになるだけです。そこに生まれるのは心地良さではありません。

直す必要なんてない

言ってみれば、たとえどんなものであったとしても、その表情もその声もその雰囲気も、持って生まれた大事な個性の1つです。ライオンにはライオンの、トラにはトラの、ネコにはネコの良さがありますよね。どれが正解のあり方だということはなく、ライオンはネコになる必要なんてないですし、ネコはトラになる必要もありません。

つまり、あなたの持っているものが、仮に一般的に〝良い〟とされているものと少し違っていたとしても、それを「直す」必要なんてないということです。

無理なく、持っているものを土台としながら、望む形になるためにできることを、自分なりのやり方でしていけば良いのではないでしょうか。「直す」のではなく「磨く」ということです。

たとえば、声が小さいならば、それを無理やり大きくするのではなく、小さい声の使い方を変えてみる。声自体が小さくとも、間をとってゆっくり話すようにするだけでずいぶんと聞こえやすさが違ってきます。

明るい話し方が苦手ならば、無理やり笑顔になって明るさを加えようとするよりも、たとえば語尾を明るい音に変えてみるのも良いかもしれません。具体的には「よ」「ね」「だね」などを使うと、音の響きがやわらかくなる分、明るい印象となります。たとえば、「また連絡します」を「また連絡しますね」としたり、「そうなんです」を「そうなんですよ」としたりするだけも受け取る印象が違ってきますよね。

個人的な話し方のトレーニングの場では、多くの方が「悪いところを直したい」とおっしゃいます。でも、よくよく話し方を聞いてみると、どうしても直さなければならないところなどほとんどないという方が多いです。ただ、磨き方が足りないだけです。

宝石と同じで、磨かなければただの石ですが、磨けばキラキラ輝き出すのです。あなたにもきっとそういう要素が思っている以上にたくさんあるはずですよ。

How to recover

心配や不安はあって良い

「嫌われたくない」
「うまくできなかったらどうしよう」
「こんなことを言って変に思われたら嫌だ」

コミュニケーションの悩みの相談を聞いていると、こういったことをおっしゃる方がたくさんいます。できれば嫌われたくないし、失敗したくないし、変だと思われたくもない、それはごく自然な気持ちですし、そう思うことは弱いわけでも悪いわけでもありません。

そういった心配や不安があるのはおかしなことではないはずなのに、それを必死に隠そうとするから、トラブルのタネになってしまいます。

嫌われたくないから相手の顔色ばかりをうかがうようになり、失敗したくないから慎重になりすぎてなにもできなくなり、変に思われたくないから言いたいことを我慢する。これでは良い関係は育ちにくいですし、なにより自分自身が人との関わりを楽しむことができなくなってしまいます。

心配事や不安が大きくなるほど、「でも、私にはそれをなんとかできるだけのコミュニケーション力がないし……」とさらに自分を追い詰めてしまうこともあります。

でも、そう考えるなら、コミュニケーション力が高い人は、絶対に嫌われないし、絶対失敗しないし、絶対に変だと思われないということになりますよね。そんな人は世の中にいるのでしょうか？

私は、コミュニケーションをテーマにした講演や研修を通して、これまでに何万人という人にお会いしてきましたが、いまだかつて、1人もそんな人に巡り会ったことがありません。

周囲から「あの人はコミュ力おばけだ」なんて言われているような人でも、その人を苦手に思う人だっているものだし、その人がどんなに頑張ってみてもどうにも噛み合わず、うまく関われない相手だっているのです。

つまり、コミュニケーション力があるというのは、人づきあいにおいて失敗もなければ心配や不安もない、ということを指しているのではないのです。むしろ失敗することや不安や心配がある前提で、それをカバーしながら今できることをできる限り最善を尽くしていく、そのあり方をコミュニケーション力というのではないでしょうか。

不安や心配はあった方が良い

私たちの脳内の神経伝達物質の1つに、「セロトニン」があります。これは「幸せホルモン」とも呼ばれ、脳の興奮を抑えたり、心身をリラックスさせたりする効果があることがわかっています。

このセロトニンの濃度を調整してくれる「セロトニントランスポーター」というタンパク質があり、この量が少ないと、セロトニンが減少傾向になり、不安やイライラした気持ちが起こりやすくなると言われています。

この「セロトニントランスポーター」の量が、日本人は相対的に少ないと言われています。研究により諸説ありますが、日本人の8割以上は、これが遺伝的に少ない状態にあるようです。つまり、そもそも私たちのほとんどは、もともと不安や心配を抱きやすい傾向にあるのだと言えます。


遺伝的な要素も含めたベースですから、意図的に変えようと思っても、それはなかなか思うようにはいきませんよね。「もっと楽観的になれ」と言われても、口で言うほど簡単なことではありませんし、「心配しすぎだ」と言われても、心配なものは心配なのだからどうしようもありません。

不安や心配があるからこそのメリットもあります。たとえば、自然災害は、不安だから備えますよね。いざという時に困らないように、必要なものを予想してそろえますよね。もしそんな不安が一切なければ、準備も備えもしないのではないでしょうか。

コミュニケーションも同じです。不安や心配があるからこそ、うまくいくこともたくさんあるのです。「嫌われたくない」からこそ、相手が嫌がることをしないようにするわけですし、「誤解されたくない」からこそ、丁寧に伝えようとするわけですし、「変に思われたくない」からこそ、自分を客観視して冷静になれるわけです。

そのような不安や心配に思う気持ちがある人こそ、コミュニケーションを大事にするので、人づきあいがうまくいくケースが多いのです。

だから、もし今あなたが、不安や心配がたくさんあったとしても、「だからこそ、慎重に丁寧に行動できるのだ」ととらえて、より良い状態をつくり出すために活かしていきましょう！　不安はあなたの敵ではなく味方でもあるのですから。

How to recover

「自分らしさ」にとらわれなくても良い

「自分らしく」
「ありのままに」

近年、特にこれらの言葉がよく聞かれるようになりました。確かに、他の人がどうしているか以上に自分がどうしたいのかを大事にすること、うまくやることよりも自分が楽でいられることはとても大切です。この本も、そんなメッセージを込めて書いています。

ただ、「自分らしく」と言われても、それがわからないから困っている、という人も中にはいらっしゃるかもしれません。実際に、以前とある企業研修にうかがった際に、休憩

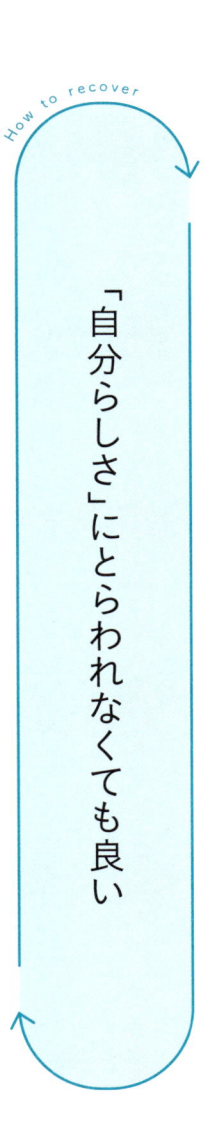

時間に1人の女性がやってきて、こんな質問をされたことがありました。

「自分らしくありたいとは思うのですが、なにが自分らしいのかがいまいちつかめていません。だから自分の意見を言うのも苦手だし、それを求められるだけで身体が硬くなってしまいます……なんとかしたいのですが、どうしたら良いのでしょうか」

考えてみれば、「自分らしく」というのは、「自分」というものがはっきりしていることを前提とした言葉です。そこがまだ曖昧なままで、「自分らしくいて良い」と言われても、それがどういう状態なのか、どうあることが良いと言っているのか、いまいちピンときませんよね。

「自分らしさ」にとまどい悩んでしまうとしたら、それが悩みや不安の解決策のヒントとなるというより、むしろ悩みのタネになってしまいます。

まずは「なりきって」みる

そんなふうにもし「自分らしさ」に悩んでしまったら、まずは「なりきってみる」ことから始めてみてはいかがでしょうか。「なりきる」とは、「自分らしい」のかどうかはひとまず横に置いておいて、「理想だと思われる自分になってみる」ということです。

たとえば、苦手な人との会話のシーンを例にしてみます。苦手な気持ちが表情をこわばらせ、声のトーンを下げ言葉数も減ってしまう。相手もそんな雰囲気を読み取って同じように低いテンションで黙りこくっている。なかなかつらい状況です。

ここで「自分らしさ」を全面に出すなら、たとえば苦手であることを素直に認めてさっさとその場を切り上げて、なるべくメールでのやりとりで済ませるようにする、といったことも考えられます。でも、もしもそれをする自分のことを気持ち良いと思えないとしたら、「自分らしさ」はそこにあるのではないのかもしれません。

ではどうしたら……と悩んだら、ひとまず理想の自分になりきってみるのです。たとえば仮に、苦手な人にでも良いところはあるはずだと信じて、相手の良いところを見て笑顔で接することができる自分が理想だと感じるならば、その自分になってその思いに沿った行動をしてみます。

もしもそこで「こんなの本来の自分じゃない」と思ったり、違和感が強すぎたりするなら、そういう自分が「自分らしくない」のだということがわかります。ならば、また違う理想を探してなりきってみる。それを繰り返しているうちに、だんだん自分にとっての「自分らしさ」がどこにあるのかがわかってくるはずです。先ほど出てきた「キャラクター」も同じようなイメージですね。

自分の考えや想いというのは、自分のことなのに自分でもよくわからないものです。それを知るためには、とにかくまずいろいろとやってみながら、探っていくしかありません。

自分の本心を知るための目安として知られているものに、〝コイントス〟という方法があります。これは、たとえばAかBかと悩む事柄があった場合に、コインを投げて決めることにします。表が出たらA、裏が出たらBとしてコインを投げ、その結果を見た瞬間に心に浮かぶ気持ちが本心に近いと考えるものです。どちらが出たとしても、その結果を見て瞬間的に「やった」と思ったなら出た方が本心に近く、「嫌だ」と思ったなら逆が本心に近いということです。

「なりきってみる」のは、この〝コイントス〟に近いです。「理想」を実際にやってみて、その自分をどう思うかをテストするのです。「自分らしくあらねば」という気持ちにしがみつくより、むしろいったんどけてみる方が、かえってどうしたら良いのかがわかりやすくなるのではないでしょうか。

「なりきる」とは「演じる」と言い換えることもできます。「演じる」というと、〝嘘っぽい〟とか〝うわべだけ〟とか、ネガティブなイメージを持たれることが多いですが、誰しも相手に合わせて多少なりとも演じていますよね。それが〝気づかい〟であり〝思いやり〟であることだって少なくないのです。

「演じてみる」ことによって「自分らしさ」が見えてくることもあります。まずは無理のない範囲で良いので「理想の自分になってみる」ことを通して、「自分らしさ」をちょっとずつ見つけていきましょう。

How to recover

〝すること〟よりも〝しないこと〟を決めておく

コミュニケーションにおいて余計なトラブルを起こさないために、ぜひ心得ておきたいのは、そのために〝なにをするか〟よりも〝なにをしないか〟です。

「一言多い」「余計なお世話」「いらぬおせっかい」が、コミュニケーショントラブルのもとになっていることは良くあります。

そして多くの場合、やっている側はそれを余計なことだとは思っていないものです。そのほとんどが、相手を傷つけたり嫌な気持ちにさせたりするためではなく、あくまでも相手を思い、相手が喜ぶと思ってしていることだからです。

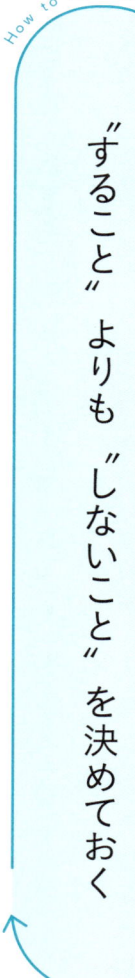

だからこそ、相手の反応が期待したものと違っていたりすると、「なんで？」と不思議に思います。「なんでそうなるの？」「なんでそう思うの？」「なんでそんなふうに受け取るの？」と、あたかも相手だけに原因があるかのような言い方をしてしまったりもします。「そんなふうに思う相手が悪い」と、リカバリーはもちろん、関係性をつくること自体を諦めてしまうようなこともあります。

〝しないこと〟を決めておく

自分のことについては、〝やると決めてやる〟のは大事なことです。たとえば、健康のために、〝1日1万歩歩く〟とか、〝バランスの良い食事をとる〟とか、〝睡眠時間を6時間はとるようにする〟とか、やるべきことを決めておくと実行しやすいですよね。

けれども、これが他人のことになると、〝する〟ことばかりを増やしてしまいがちです。相手が望んでいないことまでしてしまい、「余分」「余計」という状態をつくり出してしまうケースがあります。

〝しないことを「しない」と決める〟のも大事な思いやりであり、それもコミュニケーションスキルの1つです。

たとえば、〝散らかっていたら片づける〟のを率先してやっていたとしても、他人の机の上まで勝手に片づけたらどうでしょうか。こちらとしては「ついでに片づけてあげた」というつもりであっても、相手からしてみれば、「勝手に自分のものを触られた」という不快感しか浮かばないかもしれません。

相手のことを知るために〝質問する〟ことを大事にしていたとしても、質問責めにしていたら、相手は「ズケズケ聞いてくる」と嫌な気持ちになっているかもしれませんよね。

コミュニケーションにおいては、相手からネガティブな反応が返ってきて「しまった」と思うようなことが起きた場合に備えて、「なにをするか」を考えるだけではなく、「やりすぎていることはないか」とちょっと立ち止まるような時間も持っておきたいものです。

やりすぎてしまったと思う行為に対して、それをストップさせるための「しない」を考えてみるとヒントが見えてきます。たとえば次のようなイメージです。

- 質問責めにしてしまう↓必要以上に詮索しない
- 白黒はっきりさせようとしてしまう↓ゼロか100かで考えず、追い詰めない
- 正しさを追求しすぎてしまう↓間違いだと決めつけない

「詮索しない」と決めておけば、相手が答えにくそうにしていたらサッと話題を変える、といったことが自然にできるようになっていきます。「追い詰めない」と決めておけば、相手の曖昧な態度も受け入れながら話ができるようになっていきます。

以前、一緒に仕事をした料理研究家の方が、こんなことをおっしゃっていました。

「料理は調味料を足せば美味しくなると勘違いしがち。けれども、足せば足すほど求める味とは変わってしまう。加えるものを最小限にすることで、素材の味を最大限に引き出すことができる」

これは人間関係にも同じことが言えるのではないでしょうか。「良い関係づくりのために、もっとなにかをしなければ」と考えてそれにとらわれることで、本来はしない方が良いことをしていたり、少しで良いことをやりすぎていたりということが起きてしまうのです。

コミュニケーションのトラブルを減らすために、「しないことを決める」ことも少し取り入れてみませんか？

How to recover

無理に解決しようとしなくて良い

「問題が起きたら、とにかく早く解決しなければ！」。そう思っていませんか？

確かに、問題を放置してしまうと、事態を悪化させてしまうこともありますし、見ないようにしたところで現実が変わるわけではありませんから、そのままにしておくことはおすすめできません。だからこそ、この本では「リカバリー」を推奨し、紹介しています。

でもだからといって、なんとかしようと必死に動き回ることだけが、必ずしも良い結果を招く方法であるとも限りません。早くなんとかしようとしすぎるあまり、より問題を大きくしてしまったり、相手にも自分自身にも、かえって深い傷をつくってしまったりするようなこともあります。

「時薬《ときぐすり》」「日《ひ》にち薬《ぐすり》」という言葉があります。これは「時」や「月日」が経つことで、自然に治癒・解決に向かうことを意味しています。時代や状況が刻々と変化しているように、人の心も変化するものです。喜怒哀楽のうちの１つが永遠に続いていくことはなく、さまざまな思いが、濃くなったり薄くなったりとグラデーションを描いています。

たとえば、かつて大好きだったものが今はそうでもないとか、かつては嫌いで仕方なかったものが今は大好きなんてことは、皆さんにもあるのではないでしょうか。

人は感情の生き物であり、その「感情」には２種類あると言われています。「情動」と「気分」です。

●情動＝あきらかな原因によって生み出される強い感情。生理的反応や特定の行動を引き起こし、数秒間から数分間持続する
●気分＝あきらかな原因がなく、漠然と生まれる感情状態。快や不快などを引き起こし、数時間から数日持続する

情動は瞬間的、気分は継続的、という違いはありますが、どちらも永遠に続くものではありません。

昔、勤めていた職場でチームのメンバーとの間に意見の相違が生まれ、険悪なムードになってしまったことがありました。焦って早くなんとかしなければと、話し合いをするためにあれこれ働きかけてみたものの、近寄ろうとするほど離れていくような状態。ほとほ

と困ってしまい、当時の上司に相談した時に、こんなことを言われたことがありました。

「他人を自分の都合で振り回すな」

この時の私は、自分の気持ちを落ち着かせるために必死に解決しようとし、相手にゆっくり考える余地すら与えずにいたのです。その後、少し距離と時間を置いて、改めて声をかけてみたら「こちらも大人気なかった」と、話し合いの場を持てることになりました。内心ヒヤヒヤしていたのもあり、本当に嬉しく思ったのを覚えています。

人間関係を「解決」するのは難しいからこそ

人は理屈や理論、数字だけでできているわけではありません。心を持ち、感情があり、それぞれが違う価値観を持って生きています。だからこそ、どうしても問題は起こるわけですが、答えが1つではないために、人と人との間で起こることを完全に「解決」するのは、ただでさえ難しいものです。

そもそも、「問題」とは「差異」や「ギャップ」のことを言います。つまり人間関係の問題は、「自分と相手との違い」から生まれていると言い換えることができます。

その問題の解決が難しいのは、「違い」は、どちらも「間違い」ではないというところにあります。それを無理やり「解決」に持っていこうとするから、反発が起きたり不満が生まれたりして、傷が広がってしまうのです。

コミュニケーションは、1つの「答え」を出して「解決」するためにあるのではなく、「違い」がどこにあって、お互いをどう「理解」するかを探っていくためにあるのです。

焦って「解決」にこだわりすぎると、「対決」を生んでしまいます。

悩んだ時ほど少し時間を置いて、心と頭に余裕を持たせることも大切です。

「解決」することがすべてではありません。そっと時間を置くことで相手の気持ちも落ち着き、状況も変わることがあります。今、無理に解決しようと焦るより、少し大らかな気持ちを持って、長い目で人間関係を考えた方が、かえって良い関係が築けていけるものですよ。

リカバリーを諦めない気持ちを持つことと同時に、すぐに解決することばかりにとらわれない気持ちも持っておくようにしたいですね。

おわりに

最後までお読みくださり、本当にありがとうございました。

この本を通して、あなたのコミュニケーションの悩みが、少しでも軽減されるお手伝いができていれば幸いです。

「コミュニケーションには失敗がつきものだけれど、リカバリーを通して、より良い関係をつくることができる」ということをぜひ心に留めて、コミュニケーションを難しく考えて諦めるのではなく、小さなことで良いからできることを見つけていきましょう。

ただ、コミュニケーションにおいて一番大事なのは、あなたが〝良い気分・良い状態〟であるということも忘れないでください。過度な無理や我慢のうえに努力を重ねても、状況が多少良くなることはあるかもしれませんが、あなたが気持ち良くコミュニケーションを楽しむということからは遠ざかってしまいます。リカバリーは〝正しい状態〟をつくるためではなく、〝良い状態〟をつくるためにあります。相手も自分もおだやかな気持ちでいられることを目指していきたいですね。

この本では、リカバリーのヒントをいろいろとお伝えしてきましたが、もちろんすべてが絶対的な「正解」なのではありません。この本を1つのヒントにしながら、あなたが大切にしたい人を大切にする方法を、ぜひ考えていただけたら幸いです。相手を思い、関係の改善を願う、その気持ちを持つことこそが「リカバリー」の根っこであり、何よりのコミュニケーション力なのですから。

最後に、本書の執筆にあたり、たくさんの方にご協力いただきましたことを、この場を借りて深く御礼申し上げます。
また、日本実業出版社の編集部の皆さんには、企画立案から校正、そして執筆にあたる多方面からの本当に温かいサポートをいただきました。本当にありがとうございました。

何より、数あるコミュニケーションの本の中から、この本を手に取ってくださったあなたに、心より感謝申し上げます。どこかでお会いできることを願い、楽しみにしております！

山本衣奈子（やまもと　えなこ）
E-ComWorks株式会社代表取締役／プレゼンテーションプランナー／伝わる表現アドバイザー／産業カウンセラー。
高校時代から演劇に没頭し、大学在学中にロンドン大学に演劇留学。他国の生徒たちの堂々とした豊かで自由な伝達力と表現力に衝撃を受け、コミュニケーションの根幹は“表現”と“届け方”であることに気づく。卒業後は添乗員、接客、受付、営業、秘書、クレーム対応などの業務にて30社以上に勤務。国籍や業種・業界、立場を超えたさまざまな人々との関わりから身につけたトラブル対応力と対人能力、クレーム対応で培った傾聴力、VIP対応で体得したマナーなどを駆使し「伝わる」コミュニケーションの方法を確立、全国に伝え続けている。講師歴15年、年間180回近くの企業研修・講演を行なっており、これまでの受講者数は5万人超で「表現方法が多彩になるだけでなく、モチベーションも上がる」と評判。指名リピート率は、業界屈指の8割を誇る。著書に『「気がきく人」と「気がきかない人」の習慣』（明日香出版社）がある。

E-ComWorks株式会社
https://e-comworks.co.jp/

「言《い》ってしまった」「やってしまった」をリカバリーするコツ

2024年10月1日　初版発行

著　者　山本衣奈子 ©E.Yamamoto 2024
発行者　杉本淳一

発行所　株式会社日本実業出版社　東京都新宿区市谷本村町3-29　〒162-0845
編集部　☎03-3268-5651
営業部　☎03-3268-5161　振　替　00170-1-25349
https://www.njg.co.jp/

印刷・製本／リーブルテック

ISBN 978-4-534-06134-8　Printed in JAPAN